청소년 중독, 왜 하지 말라고 해요?

일러두기

- 이 책에서는 중독 및 과의존, 의존증을 통틀어 '중독'이라는 용어로 통일해서
  표현했습니다.
- 이 책에 소개된 사례는 저자의 상담 경험과 실제 상황을 토대로 재구성되었
  으며, 인물의 이름은 모두 가명을 사용했습니다.

십대톡톡_09

청소년 중독, 왜 하지 말라고 해요?

펴낸날 초판 1쇄 2025년 10월 13일

글 김계현 | 그림 웰시
편집 이정아 | **디자인** 캠프 | **홍보마케팅** 이귀애 이민정 | **관리** 최지은 강민정
펴낸이 최진 | **펴낸곳** 천개의바람 | **등록** 제406-2011-000013호
주소 서울시 영등포구 양평로 157, 1406호
전화 02-6953-5243(영업), 070-4837-0995(편집) | **팩스** 031-622-9413

© 김계현, 2025 | ISBN 979-11-6573-682-8 43180

십대
톡톡
09

청소년 중독

왜 하지 말라고 해요?

김계현 글
웰시 그림

천개의바람

'중독'이라는 말을 들으면 어떤 느낌이 드니? 말만 들어도 무시무시하지? '중독'은 술이나 약물, 독극물처럼 몸을 해치는 물질만이 아니라, 강박적으로 반복하는 행동까지도 포함해. 예를 들어 '스마트폰 이용'이 우리 삶에 해로운 영향을 줄 때, 우리는 그것을 '스마트폰 중독'이라고 불러.

그런데 어떤 행동을 많이 한다고 무조건 중독일까? 멈출 수 없으면 다 중독일까? 만약 이런 게 궁금하다면, 같이 한번 알아보자. 중독이란 게 뭘 말하는 건지, 재미있기만 한데 왜 못 하게 하는 건지, '쾌락'을 좇는 행동을 강박적으로 할 때 뇌에 어떤 일이 벌어지는지, 중독 상태에 이르면 마음과 몸이 어떻게 달라지는지 말이야.

이 글 속에는 여섯 친구가 등장해. 스마트폰 게임을 좋아하는 인호, 외모에 집착하는 혜미, 담배 때문에 후회하는 선재, 우정과 집착 사이에서 괴로운 민지, 마음을 꽁꽁 감춰두는 영미, 그리고 게임인 줄 알았다가 도박에 빠진 민수. 특별한 아이들이 아니야. 네 주변에 있거나 혹은 네 이야기일 거야. 친구들의 고민을 들어보면서 어떤 마음인지 생각해 보았으면 해.

만약 이 글을 읽다가 스스로 달라지고 싶다고 느낀다면, 가장 좋은 방법은 스스로 납득할 때까지 알아보고 이해하는 거야. 왜 나쁜지, 어떻게 해야 하는지, 스스로 고민하고 선택해야 해.

우리 마음에는 두 가지 목소리가 있어. '하고 싶다'와 '그만하고 싶다', 두 마음은 서로 주거니 받거니 하면서 우리를 고민에 빠뜨리지. 그래서 고민하는 건 아주 자연스러운 일이야. 고민한다는 건 그만큼 성장하고 있다는 뜻이니까.

"나는 뭘 원하는 걸까? 진짜 행복은 무엇일까?"

자신에게 물어보자. 대신 답해 줄 수는 없지만, 함께 고민하고 길을 찾도록 도와줄게.

김계현

차례

머리말 • 004
등장인물 • 008

들어가며

중독된 아이들

재미있는데 뭐가 문제야 • 011
중독이 대체 뭘까 • 017
중독은 스펙트럼이다 • 020
해결의 시작: '문제'가 아니라
'고통'을 보기 • 023

1

스마트폰 중독

스마트폰 게임을 좋아하는 인호 • 031
스마트폰, 가능성과 위험의 경계 • 035
스마트폰이 뇌에 미치는 영향 • 045
스마트폰 중독, 우리가 놓치고 있는
것 • 048
스마트폰, 편리함과 의존 사이에서
균형 찾기 • 052
톡톡 플러스 나도 고위험군일까? • 055
톡톡 플러스 스마트폰 중독 문제로 고민하는
부모님에게 • 058

2

외모 중독

외모가 마음에 들지 않는 혜미 • 065
외모에 대한 관심이냐, 집착이냐 • 068
외모 집착의 위험성 • 071
외모가 바뀐다고 자존감이 높아지지
않는 이유 • 074
외모 중독에서 벗어나는 실천 방법 • 079

3

담배 중독

후회와 자책을 반복하는 선재 • 089
금연이 어려운 이유 • 093
청소년 흡연이 특히 위험한 이유 • 097
전자담배도 안전하지 않다 • 099
시작하지 않는 것이 최고의 금연
방법 • 101
담배와 이별하는 6가지 방법 • 103
톡톡 플러스 전문가에게 도움받으면 금연
성공률이 3배나 높아진대 • 110

4

관계 중독

집착과 우정 사이에서 괴로운 민지 • 115
십 대, 관계 형성이 중요한 이유 • 118
관계 중독은 어떤 걸까 • 120
왜 우리는 관계에 집착할까 • 125
나도 좋고 너도 좋은 관계 만들기 • 130
나를 소중히 여기기 위한 실천 방법 • 134

5

자해 중독

옷 속에 감춰둔 영미의 속마음 • 139
겉으로 보이는 상처, 속에 있는 상처 • 143
죽고 싶은 건 아닌데, 자해가
습관이 되면 • 147
어떻게 해야 자해를 멈출 수 있을까 • 150

6

도박 중독

게임인 줄 알고 도박에 빠진
민수 • 159
게임과 도박은 어떻게
다를까 • 163
나도 모르게 빠질 수 있는
함정, 도박 • 165
도박에 한 번 빠지면 헤어
나오기 어려운 이유 • 169
어떻게 해야 할까 • 172

나가며

진짜 행복을 만들고 싶지 않니?

내가 원하는 삶을 스스로
결정하기 • 179

출처 및 참고 자료 • 188

등장인물

인호

틈만 나면 스마트폰으로 게임을 해.
학교에서나 학원에서, 길을 가면서도 늘
스마트폰을 보고 있지. 새벽까지 하다가 다음 날 지각한
적도 많아. 부모님은 스마트폰으로 게임하는 걸 엄청
싫어하시지. 하지만….

내 친구들
다 한다고! 왜
나만 갖고 그래!

누가 못생기게
낳으래?

혜미

필통보다 화장품 파우치가 더 소중해. 어디를
가든 비비와 아이라이너는 필수지. 맨얼굴로 나가면
벌거벗은 느낌이야. 거울을 볼 때면 한숨만 나와.
눈은 너무 작고 턱은 사각형. 성형 수술을 해 달라고
부모님을 조르지만 말이 안 통해.

선재

요즘 공부가 잘 안 돼. 꿈도 없고, 되고
싶은 것도 딱히 없어. 매일 학교에 가기는
하지만 공부가 머리에 들어오지는 않아. 시험 때만
되면 초조해서 답답해 미치겠어. 그런데 친구가 담배를
권하는 거야. 뭐, 친구 따라 몇 개비 피웠지. 지금은 조금
많이 피우긴 하지만….

답답해
미치겠는데, 그럼
어떡하라고?

민지

개는 정말 내가 없어도 되는 걸까?

매일 SNS를 보면서 그 애 일상을 살펴. 정말 좋아하는 친구거든. 웬만하면 그 애가 하자는 대로 맞춰주려고 해. 가끔 그 애가 다른 애들이랑 즐겁게 노는 걸 보면 괜히 불안하고 서운해. 나만 너무 좋아하는 것 같아서 짜증 나고 싫은데, 그 애를 놓을 수도 없어.

뭐, 남들에게 피해 주는 것도 아니잖아?

영미

난, 뭐 사실 별문제 없어. 그저 무심결에 손목을 긁적거리는 버릇이 있는 정도야. 아무도 내가 이런 버릇이 있는지 모르지만…. 시험 기간이 다가오면 불안해져. 그러면 손목을 긁적이지. 화나는 일이 생겨도 손목에 상처를 내.

민수

그냥 재미 삼아 한 건데, 이게 뭐 나쁜가?

온라인 게임을 좋아해. 친구가 게임으로 돈을 벌었다고 자랑하기에 호기심에 몇 번 해 봤지. 그런데 진짜 몇만 원을 순식간에 번 거야. 스릴도 있고 돈도 버니 점점 빠져들었어.

들어가며

중독된 아이들

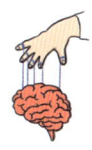

재미있는데 뭐가 문제야

인호는 게임을 엄청 좋아해. 등하교 시간, 쉬는 시간, 가리지 않고 틈만 나면 게임을 하지. 스마트폰만 있으면 가능해. 친구를 만나도 주로 게임을 하면서 놀아. 잠시라도 손에서 폰을 놓으면 안 될 것 같은 불안감이 들거든. 하루에 네 시간은 기본이야. 주말에는 거의 온종일 게임만 하는 것 같아.

혜미는 아침마다 화장에 공을 들여. 비비와 아이라이너가 없으면 빌거벗은 느낌이 들지. 거울 속 얼굴은 뭔가 부족해 보여. 작은 눈, 사각턱, 울긋불긋한 뾰루지. 지금은 화장으로 보완하지만, 이것도 한계가 있어서 언젠가 돈을 모아서 성형을 하고 싶어 해.

다른 아이들 생활을 조금 엿보았는데, 어떠니? 요즘 애들 다 저러는데, 저게 무슨 문젯거리라도 되나 싶니? 그래, 그렇더라. 주위에서 인호처럼 게임을 좋아하는 친구, 혜미처럼 화장을 좋아하는 친구를 쉽게 만날 수 있더라고.

정도가 조금 과하다 싶은 친구도 있긴 해. 하지만 그게 뭐 대수겠냐 싶어 쉽게 넘어가곤 하지. 왜냐고? 재미있거든. 혹은 힘든 걸 잊을 수 있거든. 게임 속 세상은 신기하고 재밌잖아. 연예인처럼 꾸미고 나가면 뭔가 있어 보이잖아. 게임이든 화장이든, 제 나름대로 스트레스를 해소하는 방법이라고 생각할 수도 있지.

> "맞아요. 전 게임을 해야 살 것 같아요. 학교도 가기 싫고,
> 공부도 지겹지만 참고 있다고요. 게임이라도 해야 살맛이
> 나죠. 근데 어른들은 왜 우리한테만 뭐라고 하냐고요!"

게임, 유튜브, 화장, 커피, 술, 에너지 음료, 패스트푸드…. 우리가 즐기는 것들, 그 자체는 나쁘지 않아. 그렇게 나쁜 거라면 애초에 만든 사람이 문제겠지. 맛있지만 칼로리가 높은 치킨, 정신이 번쩍 들지만 중독성 높은 커피, 정보는 많지만 유해한

정보를 걸러내기 힘든 유튜브… 좋은 점과 나쁜 점은 늘 함께 존재하지.

무언가에 푹 빠지는 것도 나쁘지 않아. 좋아한다는 거잖아. 재밋거리, 몰입할 만한 거리가 있다는 건 활력을 주지. 말 그대로 가끔이라도 '살맛'이 나야 해. 나도 완전 동의해. 입시 경쟁, 성적 압박, 불확실한 미래, '하지 마라'와 '해야 한다'로 둘러싸인 일상은 그리 재미있지도 않고 답답하고 힘들 거야. 성적이 떨어지면 의욕도 떨어져. 잠깐 공부한다고 원하는 만큼 성적이 오르지도 않고 말이야. 일상을 견디기 위해서는 '재밋거리' 혹은 '고통을 잊을 수 있는 순간'이 필요해.

"제 말이 그 말이라니까요. 어휴, 이걸 우리 엄마도 아셔야 할 텐데."

근데 말이야, 중요한 게 있어. '재미있어서, 스트레스를 풀려고' 무심코 반복하는 행동이 어느 순간 우리를 더 힘들게 만들기도 한다는 사실이야. 심지어 그때 맞닥뜨리는 고통은 쉽게 빠져나오기가 어려워. 여우를 피하려다가 사자를 만나는 격이랄까. 이게 무슨 이야기냐고? 지금부터 그 얘기를 들려줄게!

유튜브 쇼츠 영상을 보고 게임을 하는 시간은 재미있지. 잠

시나마 무언가를 해야 하는 압박에서 벗어날 수 있고, 기분 전환도 되거든. 그런데 이런 행동이 반복되어 '정도가 심해지면' 문제가 생겨. 행동을 멈춰야 하는 상황이 닥쳐도 자신의 의지로 멈출 수가 없거든. 일상생활을 유지하기 힘들어지고 주변 사람들과 갈등이 많이 생기지.

가령 시간 가는 줄 모르고 스마트폰을 보다가 새벽 세 시쯤 잠들었다고 생각해 봐. 다음 날 아침에 일어나기 힘들겠지? 몸은 무겁고 눈꺼풀은 점점 감길 거야. 하루 종일 피곤하고 수업에 집중하기 어렵고 말이야. 그러다 선생님이 한마디 쏘겠지. 부모님도 잔소리를 늘어놓을 거야.

"똑바로 앉아라. 집중해야지, 집중!"
"그러게 밤에 스마트폰 보지 말랬지! 넌 왜 이렇게 말을 안 듣는 거니?"

으악, 생각만으로도 스트레스가 쌓인다, 그렇지? 몸도 힘든데 싫은 소리까지 들으면 마음이 진흙탕일 거야. 짜증 나고 답답하겠지. 울적한 기분을 벗어나고 싶어서 발버둥 치다가, 방문을 쾅 닫고 들어가서 또다시 스마트폰을 보게 될 거야.

몸도 힘들고 잔소리를 들어 짜증도 나니, 스마트폰을 덜 해야겠다고 마음먹었어도 좀처럼 행동으로 옮기기 쉽지 않을 거야. 그만해야 하는데, 알면서도 자꾸 하고 싶어져. 밥 먹듯이 반복해 온 습관을 하루아침에 바꾸기는 불가능하지. 갈팡질팡 고민하다가, 결국 다시 스마트폰을 하게 돼. 자신이 알고 있는 한, 고통에서 벗어날 수 있는 유일한 방법일 테니까.

그런데 그날 밤에도 늦게까지 잠을 안 자고 스마트폰을 하고 있으면 부모님이 더 이상 가만히 있지 않으실걸?

"너 계속 이럴래?"

문을 열고 들어와서 스마트폰을 강제로 빼앗을지도 몰라. 나의 재밌거리, 나의 '살맛'을 갑자기 빼앗기면 기분이 어떻겠니? 순간 화나지. 앞뒤 잴 틈도 없이 눈이 돌아갈걸. 심하면 욕도 내뱉고 말이야.

화가 나니 감당이 안 되고, 적절하게 화를 내는 방법을 모르니 답답하고 억울함만 쌓이지. 부모님과 사이가 나빠지고, 학교에서는 문제아로 찍힐지도 몰라. 그렇게 더 큰 고통이 닥친다고.

아까 여우를 피하려다가 사자를 만나는 격이라고 했지? '일상에서 겪는 스트레스'가 여우라면, '반복된 중독 행동으로 인한 어려움'은 사자야. 일상 스트레스를 해소하려고 특정 행동을 반복하다가 중독에 이르면, 일상생활이 무너지고 주변 사람들과 갈등을 겪어. 벗어나고 싶어도 벗어날 수 없는 고통을 겪게 돼.

하지만 너무 걱정하지는 마. '중독'은 알면 알수록 대비가 가능하거든. 앞서 말했듯이, 무언가에 푹 빠지는 것 자체는 문제가 되지 않아. 스마트폰으로 게임을 하거나 화장에 심취하거나 매운 음식에 열광할 수 있어. 중요한 건 '조절력을 잃지 않는 상태'야. 게임을 하다가 문득 아직 숙제를 하지 않았다는 생각이 들었다면, 게임을 멈추고 숙제를 할 수 있어야 해. 이제 그만해야지 생각하면서도 도저히 게임을 멈출 수 없다면, 그건 내가 게임을 '지배하는 상태'가 아니라, 게임에게 내가 '지배당하는 상태'인 거야. 바로 중독된 상태지. 그럼, 중독이 무엇인지 우리 좀 더 자세히 알아볼까?

중독이 대체 뭘까

"또 게임이야? 커서 뭐 될래? 너, 게임 중독 아니야?"
"엄마는 잔소리 중독이야!"

우리는 주변에서 '중독'이란 말을 참 쉽게 사용해. 엄마는 매일 게임하는 아들에게 '게임 중독'이라고 하고, 아들은 매일 잔소리하는 엄마에게 '잔소리 중독'이라고 하지. 그런데 정말 뭔가를 계속 반복하면 다 중독인 걸까?

사실 우리가 흔히 말하는 '중독'은 정신적·행위적 중독addiction을 뜻해. 쉽게 말해, 어떤 행동이 우리 삶에 나쁜 영향을 끼쳐도 그 행동을 멈출 수 없는 상태를 말하지. 핵심은 '조절 능력을 잃는 것'이야. 가령 게임에 푹 빠져 계속 지각하거나 부모님과 자주 다투고, 게임머니를 충당하려고 돈을 훔치는 일이 반복된다면 중독을 의심해 봐야 해. '그만둬야 하는 건 알지만 멈출 수 없는 상태'가 바로 중독의 특징이거든.

중독은 어떤 과정을 거치며 진행될까? 첫째, 좋으니까 반복하게 돼. 뇌에는 '쾌락 중추'라고 불리는 보상 회로가 있어. 새롭고 재미있는 자극을 받으면 보상 회로가 활성화하면서 '도파민', 즉 행복 호르몬이 분비돼. 특정 행동을 하면 기분이 좋아지는 경험을 반복하면서 습관이 생기지.

둘째, 시간이 흐르면서 내성이 생겨. 내성tolerance은 어떤 행동이 반복되면서 효과가 점점 떨어지는 것을 말해. 처음에는 작은 자극으로도 만족했지만, 시간이 지나면 더 강한 자극을 원하게 되지. 마치 약간 매운맛 라면을 먹다가 점점 '더 매운맛', '화끈하게 더 매운맛'을 찾게 되는 것처럼 말이야.

셋째, 하지 않으면 괴로워지는 금단 증상이 생겨. 스마트폰 없이 하루를 보내라고 하면 어떤 기분이 들까? 뭔가 불안하고 초조하지 않을까? 게임이 강제로 종료됐을 때 너무 화가 나서 울거나 스마트폰을 던져버린 적이 있다면, 금단 증상을 경험한 거야.

넷째, 결국 다시 반복하게 돼. 금단 증상은 괴로워. 무언가를 '하지 못하는 괴로움'이 또 다른 스트레스가 되는 거야. 괴로움을 없애기 위해 다시 특정 행동을 반복하지. 이런 악순환이 지

중독이란

'중독'이라는 용어는 '정신적·행위적 중독addiction'이라는 의미 외에 '신체적·물질적 중독poisoning/intoxication'을 지칭하기도 한다. 신체적·물질적 중독이란 '독'으로 지칭하는 유해 물질이 신체에 해로운 영향을 끼치는 것을 말한다. 가을철 캠핑장에서 '일산화탄소 중독 사고를 조심하세요' 같은 주의 문구를 본 적이 있을 것이다. 일산화탄소처럼 유해 물질이 우리 몸 안에 들어와서 이상 증상을 일으키는 것도 중독이라고 한다. 여름철에 상한 음식을 먹고 '식중독'에 걸리거나 '농약'에 중독된 경우노 같다. 이렇게 특정 독성 물질에 노출되어 발생하는 '급성 중독' 외에 수은, 페놀, 미세 플라스틱 등 유해한 화학 성분에 장기간 노출되어 발생하는 '만성 중독'도 있다.

속되면 조절 능력을 잃고 스스로 멈추기 어려워져. 늪에 빠진 것처럼 말이야. 늪에 빠지면 몸이 균형을 잃고 휘청거리지. 앞으로 나아가고 싶은데 몸이 말을 듣지 않아. 마음대로 조절되지 않는 거야.

중독은 스펙트럼이다

그런데 말이지, 중독에 대한 아주 중요한 사실이 있어. 중독은 단번에 생기는 게 아니라, 리트머스 종이가 물을 머금듯이 서서히 물들어간다는 사실이야. 처음에는 별생각 없이 시작하지만, 반복하다 보면 '자신도 모르게' 심각한 상태에 이르게 돼.

예를 들어볼게. 어느 따분한 주말, 그냥 시간을 보내려고 숏폼 영상을 보기 시작했어.

"심심하니까 잠깐만 볼까?"

키득거리다 보니 시간이 금방 갔어. 짧고 자극적인 영상이 이어지면서 다음엔 뭐가 나올까 기대감이 들었지. 처음에는 30분 정도 보고 껐는데, 나중에는 두 시간, 세 시간을 빼앗기게 되더라고. 잠깐 본 것 같았는데 시계를 보면 시간이 훌쩍 지나 있었어. 눈도 점점 피로해지고 숙제할 시간도 부족해졌지만, 그래도 멈출 수 없었어. 영상 보는 시간을 우선시하다 보니 친구들과 놀러 가는 것도 귀찮아졌지. 잠자리에 누워서도 영상을 보다가 늦게 잠들게 되고, 지각도 잦아졌지.

이렇게 중독은 처음에는 단순히 재미로 시작돼.

'친구들이 하니까 나도!'

호기심으로 시작하지. 스펙트럼 초반은 통제 가능한 상태로 보일 거야. 그러다가 어느 순간 조절 능력을 잃으면서 '하지 않으면 괴로운 상태'가 되어버리는 거지. 중독이 무서운 이유는 바로 여기에 있어. 자신도 모르게, 서서히 물들게 되는 거야.

처음에는 자신이 중독되었다는 사실조차 모를 수 있어. 별문제 없다고 느끼기도 하지. 하지만 점점 삶의 여러 측면을 뒤흔들어. 용돈을 벌려고 시작한 온라인 도박으로 인해 빚을 지게 되고, 그 빚이 눈덩이처럼 불어나서 범죄에 연루될 수 있어. 처음부터 그렇게 되고 싶은 사람은 없어. 자신도 모르게 서서히 물드는 거야. 그러니까 행동을 신중하게 살펴봐야 해. 평상시에 즐겨 하는 행동이 혹시 다음 특징을 보이고 있지 않은지 한번 생각해 볼래?

중독 스펙트럼 체크

□ 그 행동을 하면 할수록 더 오랜 시간 하고 싶어진다.

□ 점점 더 자극적인 강도를 원하게 된다.

□ 그만두면 괴롭거나 초조한 느낌이 든다.

□ 해야 할 일을 미루게 된다.

□ 그 행동으로 인해 주변 사람들과 다투게 된다.

해결의 시작 :
'문제'가 아니라 '고통'을 보기

자, 그럼 이 문제를 어떻게 해결해야 할까? 중독 상태에 이르면 스스로 조절하기 힘들어지고 무력감을 느끼기 쉬워. 주변에서도 어떻게든 문제를 빨리 해결하고 싶어 하지. 흔히 첫 번째로 시도하는 방법은 중독 행동을 물리적으로 차단하는 거야. 온라인 도박 사이트 접속을 차단하기 위해 인터넷을 끊거나 스마트폰을 압수하는 식이지.

행동을 못 하게 차단하는 방식은 중독이 심하지 않은 상태라면 효과적일 수 있어. 인터넷에 덜 접속하고, 스마트폰을 덜 이용하면서 행동이 반복되는 정도를 줄일 수 있지. 하지만 이미 중독 수준이 심하다면 역효과가 날 수 있어.

중독 행동을 갑자기 못 하게 되면 '금단 증상' 때문에 더 괴로워지거든. 극도로 불안해지면서 짜증이 나고 우울감에 빠지기도 해. 몸이 떨리거나 식은땀이 나는 신체 증상이 나타날 수도 있어. 누군가는 괴롭더라도 그냥 버티라고 하지만, 사실 그 고통은 혼자서 견디기 어려워.

"네가 마음 독하게 먹고 그만둬야지!"

오히려 주변에서 이렇게 윽박지르면 마음이 무너져내릴 정도로 힘들어져. 자신을 미워하게 된다고.

'나는 왜 이 모양일까. 난 정말 형편없어.'

스스로를 문제아로 낙인찍는 거야. 그러다 중독 행동을 다시 하게 되는 악순환이 벌어지지.

도움 요청하기

'나 혹시 중독 아닐까?'

만약 의심이 든다면 주변에 도움을 요청해야 해. 중독 수준이 심각하다면 자신의 의지만으로 행동을 조절하기 어려워. 그러니 애꿎은 자신만 나무라지 말고, 혼자 괴로워서 끙끙대지 말고 반드시 도움을 요청해야 해. 부모님이나 학교 선생님, 관련 분야 전문가들이 네 편이 되어줄 거야. 팀을 꾸린다고 생각하면 돼. 고민으로부터 벗어나도록 도와줄 한 팀 말이야.

'문제'가 아니라 숨겨진 '고통'을 들여다보기

중독은 괴로움을 벗어나기 위한 몸부림이야. 조절 능력을 잃어버릴 만큼 무언가에 의존한다는 건 그만큼의 절박함이 숨어 있다는 뜻이지. 그러니 겉으로 드러난 '문제'가 아니라, 그 안에 숨은 '고통'을 들여다봐야 해.

한 친구 이야기를 들려줄게. 고등학교 2학년 승재는 중학교 2학년 때부터 온라인 도박을 했어. 조용하고 순한 편이었던 승재는 용돈이 필요해도 부모님께 달라고 하지 못했대. 부모님이 매일 돈 때문에 싸우는 걸 봤거든. 승재는 쉽게 돈을 벌 수 있다기에 도박을 시작했어. 부모님께 짐이 되지 말자는 생각으로 말이야. 용돈을 스스로 벌어서 쓰고 싶었던 거야.

고등학생이 되어서 대학 입시 때문에 성적 압박이 심해지고, 짜증도 늘고 매사에 불만이 많아졌지. 승재는 힘든 마음을 터놓을 곳이 없었어. 부모님께는 짐이 되고 싶지 않았고, 친구들은 경쟁 관계로만 느껴졌으니까. 미래에 대한 두려움과 불안, 외로움에서 벗어나려면 '돈이 있어야 된다'는 생각에 승재는 도박에 더 집착하게 됐어. 베팅 금액이 점점 커졌고 빚은 계속 불어났지.

결국 부모님도 알게 되었어. 형편이 넉넉지 않았던 부모님은 승재를 못마땅하게 쳐다보면서 매일 한숨을 쉬었어. 부모님께 정말 큰 짐이 되어버렸다는 생각에 승재는 죽고 싶을 만큼 괴로웠어.

중독 상태에서 벗어나려면 왜 힘들어졌는지 이해하는 게 중요해. 고통의 원인을 알아야 그것을 줄이거나 해결할 방법도 찾을 수 있거든. 승재는 고생하는 부모님에게 자신이 '짐이 되고 있다'고 생각했던 것 같아. '공부도 못하고 돈만 축내는' 자신이 미웠던 거지. 그래서 어떻게든 돈을 벌려고 매달렸던 것 같아.

어떤 고통이 있었는지 알면 무엇이 필요한지도 알 수 있어. 승재에게는 부모님의 무조건적인 사랑을 느낄 수 있는 경험이 필요해. 정서적인 지지 같은 거 말이야. 우리는 누군가에게 충분히 사랑받을 때 자신이 괜찮은 사람처럼 느껴지거든. 자신에게 이렇게 말해 주어야 해.

나는 존재만으로 이미 충분히 괜찮은 사람이야.

그래야 자신이 짐이 된다는 생각을 덜 수 있을 거야. 어떤 행동에 과도하게 의존해야만 했던 절박한 이유, 그렇게 해서라도 벗어나고 싶었던 괴로움, 자신의 고통을 제대로 이해하는 게 중요해.

'동기 찾기'가 중요해

중독에서 벗어나려면 시간이 필요해. 습관화된 패턴을 뒤바꿔야 하니까. 뇌는 변할 수 있어. 다만 변화가 일어날 때까지 포기하지 않고 버텨줄 '동기'가 필요하지.

> "부모님에게 인정받고 싶어."
> "내 꿈을 이루고 싶어."
> "내 삶이 더 나아졌으면 좋겠어."

이와 같은 소망 말이야. 앞에서 나온 승재는 '파일럿'이 되고 싶은 꿈이 있어. 세계 여러 나라를 다니면서 다양한 경험을 해보고 싶대. 자신에게 한번 물어볼래? 자신이 진짜 원하고 바라는 게 무엇인지?

중독은 어쩌면 우리 내면에 숨겨진 이야기를 전하려는 하나의 '신호'일 수 있어. 그 신호에 귀 기울여야 해. 어떤 고통이 있는지 이해하면서 조절하는 법을 배워간다면 삶은 분명 더 나아질 거야.

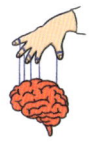

스마트폰 게임을 좋아하는 인호

나는 스마트폰 게임을 엄청 좋아해. 등하교 시간이나 쉬는 시간, 학원으로 이동하는 틈틈이 스마트폰으로 게임을 해. 부모님은 하루 종일 게임만 하냐며 뭐라 하지만, 엄밀히 말해서 하루 종일은 아니야. 학교 수업 시간이나 학원에서는 게임을 하고 싶어도 못 하니까. 굳이 따지자면 평일에는 4~5시간, 주말에는 8시간 정도?

부모님은 맞벌이를 하셔서 평일에는 거의 얼굴 보기 힘들어. 아침에는 각자 출근 준비하느라 정신이 없고, 저녁에는 누워서 TV를 보느라 서로 얼굴을 못 봐. 저녁밥이라도 함께 먹어야 되지 않을까 싶어서 '저녁 7

시에 함께 식사하기'라는 규칙을 정한 적도 있는데, 그걸 정한 바로 다음 날 아버지가 야근을 하셨지. 그렇게 약속은 흐지부지되어 버렸어. 학원 수업이 두 개 있는 날에는 나도 편의점에서 대충 끼니를 때우고 8시 정도에 돌아오 곤 했으니까.

스마트폰 게임이 문제라고? 쳇, 이제 와서 왜 그래?

우리 가족은 각자의 시간표대로 지냈어. 부모님과 나는 서로 잘 알지는 못하 지만 그렇다고 나쁘지는 않은 관계였지. 부모님과 사이가 불편해지기 시작 한 건 중학교에 들어가면서부터인 것 같아. 성적 때문이지. 초등학교까지는 학원 선생님께 '잘한다' 소리를 들어왔는데 중학교에 올라가서 성적표를 받 아 보니 그게 아니었던 거야.

"네가 게임만 하니까 성적이 낮은 거야."

부모님은 통박을 주며 게임을 못 하게 했고, 너무 많이 한다면서 잔소리 를 했지. 그때부터 슬슬 부모님 눈치를 보기 시작했어. 가끔 분통이 터지며 진짜 억울한 마음이 들었어. 게임은 초등학교 다닐 때부터 계속 해오던 건 데, 이제 와서 문제를 삼는 게 진짜 이해가 안 됐거든.

게다가 처음 스마트폰을 사 준 사람이 부모님이란 말이야. 등하교할 때 수시로 연락하라고 했고, 유튜브로 과학 실험 영상 같은 걸 보면 기특하게 여기며 칭찬하기도 했지.

"게임 좀 그만해라."

엄마가 가끔 이런 말을 할 때면, 아빠가 편들어주기도 했어.

"나도 어렸을 때는 게임 좋아했어. 남자애들이 다 그렇지."

그런데 갑자기 스마트폰 게임 때문에 공부를 못 한다면서 게임 시간을 줄이라고 하니, 내 입장에서는 어이가 없다고.

갈등이 심해지면서 점점 멀어지는 관계

부모님 잔소리는 점점 심해졌어. 말로는 스마트폰 게임을 안 하겠다고 했지만, 도저히 그만할 수가 없었지. 부모님이 늦게 귀가하는 날이면 몰래 게임을 하다가, '띠디디디디' 비밀번호 누르는 소리가 들리면 스마트폰을 얼른 끄고 책을 펼쳤어.

그런데 어느 날 혼자 방에서 게임을 하고 있는데, 아빠가 문을 확 열고 들어왔어.

"너 또 게임하는 거야?"

"아, 씨O 방금 하기 시작했다고!"

당황한 나머지 욕이 튀어나왔고, 아빠는 화가 나서 스마트폰을 빼앗아 버렸어. 엄마는 스마트폰에 앱을 강제 종료하는 무언가를 깔아놨어. 처음에는 그대로 두었지. 그런데 게임을 하다가 강제 종료가 되면 속에서 천불이 났어. 결국 난 엄마가 깔아놓은 강제 종료 기능을 해제하는 방법을 알아냈

어. 엄마가 알면 화를 내겠지만, 게임을 하지 못해 답답해 미칠 것 같은 감정이 더 견디기 힘들었어.

스마트폰 게임을 정말 줄여야 할까?

사실 난 스마트폰 게임을 왜 줄여야 하는지 모르겠어. 이게 유일한 즐거움인데 이것마저 없으면 어떻게 사나 싶어. 부모님이 화를 내니까 무서워서 스마트폰 게임을 줄이려고도 했는데 그게 마음처럼 쉽지 않아. 이러지도 저러지도 못하겠어. 그냥 내가 뭔가 고장 난 것 같아. 우울하고 짜증 나. 어쩌면 좋지?

스마트폰, 가능성과 위험의 경계

누구나 손에 들고 있는 바로 그것

주변을 둘러보면 인호 또래 대부분이 스마트폰을 가지고 있어. 친구들과 연락을 주고받고 인터넷으로 검색도 하지. 유튜브를 보고 게임도 하고 말이야. 방송통신위원회 조사에 따르면 2023년 기준으로 십 대 스마트폰 보유율이 99.6%라고 해.▶ 우리 주변 십 대 대부분이 스마트폰을 가지고 있다는 뜻이야.

가만 보면 스마트폰은 정말 대단해. 스마트폰 하나만 손에 쥐면 뭐든 가능하잖아. 일상의 필수품이라고 할까. 여행 갈 때 카메라, 노트, 펜, 지도 등을 바리바리 준비하지 않아도 돼. 인터넷 연결만 되면 바로 검색해서 식당이나 숙소를 찾고, 영화를 다운받아 보고, 음악도 들을 수 있어.

궁금증을 해결하기 위해 책을 찾거나 선생님에게 묻지 않아도 돼. 검색어를 입력하면 몇 초 안에 정보를 찾아주니까. 땀 나게 뛰어서 술래를 잡는 것보다 게임 안에서 총으로 쏘는 게 더 짜릿하게 느껴지고, 한두 명에게 말로 칭찬받는 것보다 쇼츠 영상을 찍어 올려서 여러 명에게 '좋아요'를 받는 게 더 큰 만족감을 주지. 이러니 안 할 수가 있나.

알파 세대와 콘텐츠 시장의 발전

사실 스마트폰이 이렇게 대중화된 지는 얼마 되지 않았어. 2010년 초반 즈음이었지. 스마트폰이 없던 시절을 상상해 본 적 있니? 그 시절에는 집집마다 유선 전화기가 있었어. 친구를 만나려면 집으로 전화를 걸거나 편지를 써야 했지. 공부를 하다가 궁금한 게 생기면 선생님께 묻거나 도서관에서 책을 찾아봐야 했고.

하지만 요즘은 가족이 공유하는 집 전화 대신, 개인이 각각 스마트폰을 가지고 있어. 궁금한 게 생기면 검색창에 단어만 입력하면 되고, 모르는 문제도 유튜브나 인공지능 챗봇이 바로 해결해 주지. 스마트폰이 일상화된 환경에서 성장한 Z세대(1990년대 중반~2010년대 초반 출생)와 알파 세대(2010년 이후 출생)▶는 이전 세대보다 디지털 매체에 훨씬 더 익숙할 거야.

특히 알파 세대는 태어날 때부터 디지털 환경이 자연스러운 세대야. 어릴 때부터 인공지능 음성으로 '가, 나, 다'를 배우고, '토끼와 거북이' 이야기를 동영상으로 접하지. 서울연구원의 '2020 미취학 어린이 생활시간 조사'에 따르면, 4~6세 어린이의 71%가 하루 평균 1시간 이상 디지털 미디어를 접한다고 해.▶

이렇게 디지털 기기가 일상이 되면서, 아이들을 타깃으로 한 디지털 콘텐츠 시장도 빠르게 성장하고 있어. 메타버스 교육 서비스, 유료 학습 앱, 고도로 전략화된 게임 시장 등 아이들의 관심을 끌 수 있는 산업이 계속 확장하는 중이야.

산업이 발전하는 만큼, 세계적인 천재들도 이 시장에 몰려들고 있어. 그들이 연구하는 것은 단 하나야.

"어떻게 하면 아이들이 우리 영상을 더 오래, 많이 보게 만들까?"
"어떻게 하면 아이들이 게임에 더 오래 머물고, 점점 더 빠져들 수 있을까?"

어떤 캐릭터에 끌리는지, 어떤 보상을 주면 더 오래 참여하

는지, 어떻게 해야 지속적으로 이용하게 만들 수 있는지를 매일 연구해. 세계적인 천재들이 매일 밤낮으로 연구해서 만든 이러한 게임을 마다하기란 쉽지 않을 거야. 정말 굉장한 의지를 갖지 않고는 말이야.

'좋아요'라는 쾌감 버튼, SNS

소셜 네트워크 서비스 '페이스북facebook'의 초대 사장인 '숀 파커'는 2017년 이렇게 말한 적이 있어.▶

"소셜 네트워크는 사람이 가진 심리적 취약성을 이용합니다. 어떻게 하면 사람들을 더 많이 끌어들일지, 어떻게 해야 더 많은 시간을 쏟을지를 고민하지요."

페이스북이나 인스타그램 같은 소셜 네트워크 서비스SNS에 올린 게시물에 '좋아요'가 눌리거나 댓글이 달리면 순간적으로 기분이 좋아져. 도파민이 분출되는 '쾌감 버튼'이 눌린 거야. 좋아요, 조회 수, 댓글 수를 계속 확인하게 되고, 더 많은 '좋아요'를 얻기 위해 자극적인 게시물을 올리게 돼.

다른 사람들이 올린 게시물 조회 수와 비교하면서 경쟁이 벌어지지. 그럴듯하고 멋진 게시물을 올리고 싶어서 얼굴 사진을 보정하고 명품 가방을 빌려 내 것처럼 찍어 올리기도 해. 실제보다 과장된 게시물을 올리면서도 남들이 올린 게시물을 보면서 위축되기 쉽지.

'아, 부럽다. 나는 저러지 못하는데….'

멋있어 보이는 게시물이 실제가 아니라 '보정되었거나 꾸며진 사진'이라는 걸 알면서도 즉각적인 반응에 길들여지는 거야.

'팔로워가 만 명이 넘었어. 아싸!'

'이건 조회 수가 왜 안 나오지.'

'다들 취업했네. 나만 취업을 못 했나 봐.'
'나보다 못생긴 주제에 남자 친구 잘생겼다고 자랑하는
것 봐. 치!'

'쾌감 버튼'에 길들여지면 '보여주기 경쟁'에 빠지게 돼. 멋진
옷과 화장품, 해외여행, 날씬한 몸매, 눈길을 잡아끄는 화려한
인생을 보다 보면 자꾸만 자신의 현실과 비교되지.
'다들 멋진데 나만 볼품없어.'
이러한 착각에 빠져들어.

뇌가 팝콘이 된다고?

'팝콘 브레인'▶이라는 말을 들어본 적 있니? 옥수수가 열을 만
나면 톡톡 터지듯이, 우리 뇌가 빠르고 강렬한 자극에 반응하는
것을 말해. 강한 자극을 계속 받다 보면 일상 경험에서 느낄 수
있는 소소한 즐거움은 시시해져. 특히 짧으면 15초, 길어 봤자 3
분 정도인 숏폼 영상은 우리가 쉽게 빠져드는 속성을 모두 지니
고 있어.
먼저 숏폼 영상은 짧아. 잠깐씩 머리를 식히고 싶을 때 '5분
만 보자' 하면서 부담 없이 즐기게 돼. 정말로 5분만 보기가 어

려워서 문제지만.

둘째는 핵심만 보여줘. 복잡하고 장황한 설명이 아니라 간결하게 결론만 이야기하니까 시간을 절약하는 느낌이랄까. '좋아하는 일을 찾는 방법', '요즘 잘나가는 십 대 옷차림' 등 궁금한 부분에 대해 콕콕 집어서 들려주지.

셋째는 원하는 영상이 자동으로 연결돼. 알고리즘에 의해 내가 관심을 가지고 있는 내용이 자동으로 추천되어 뜨는 거야. '맛집 소개' 영상을 한번 보면 '서울 3대 맛집', '외국인이 추천하는 베스트 맛집' 등 관련 영상이 계속 나와. 그러니 안 볼 수 있나. 내 취향을 파악해서 원하는 것을 제공해 주는데 말이야.

넷째는 비예측성이야. 다른 영상으로 뭐가 나올지 모르거든. 궁금증과 호기심이 일고, 재미없는 것도 있지만 어쩌다 엄청난 재미를 느꼈을 때 짜릿한 쾌감을 느끼지. 슬롯머신처럼 간간이 주어지는 보상 때문에 점점 빠져들어.

틱톡은 '짧아서 확실한 행복'이라고 광고해. 그런데 잘 살펴봐야 해. 그 문구에는 이런 속뜻이 있어.

> 짧아서 확실한 행복, 그 다음은 중독, 그래야 틱톡을 계속 볼 테니까… 으흐흐.

빠르고 강렬한 자극을 계속 접하면 '놓을 수 없는 지경'에 이르게 되지. '조절력'이 떨어지게 돼. '딱 5분만 봐야지' 했는데 문득 시계를 보면 세 시간이 훌쩍 지나가 있고, 자기 전에 '잠깐만 봐야지' 했는데 어느새 새벽이 다가오고 있지. '이제 그만 봐야 하는데…'라고 생각하지만 의지는 약해지고, 무심결에 손에는 스마트폰을 쥐고 있어.

자기 조절이 무너지면 일상은 흐트러져. 숏폼을 보다가 잠을 설쳐서 학교나 회사에 지각하기도 하고, 영상을 틀어놓고 밥을 먹다 보면 폭식을 하기도 해. 두 시간짜리 영화를 보면서 의미를 되새기는 게 번거롭게 느껴지고, 책에서 문맥을 파악하기도 어려워지지. 문해력, 어휘력이 부족하면 사람들과 일상적으로 의사소통하는 데 어려움을 겪기도 해. '심심한 사과의 말씀을 드립니다'란 문구를 보며 아주 무례한 사람으로 오해할 수도 있지.

블랙아웃 챌린지

틱톡, 유튜브 쇼츠, 릴스 등을 통해 '밈'이 유행하고 있어. 밈이란 재미있는 말이나 행동을 모방하거나 재가공한 이미지, 영상, 사진 등의 콘텐츠를 반복적으로 소비하는 것을 말해. 재미있는

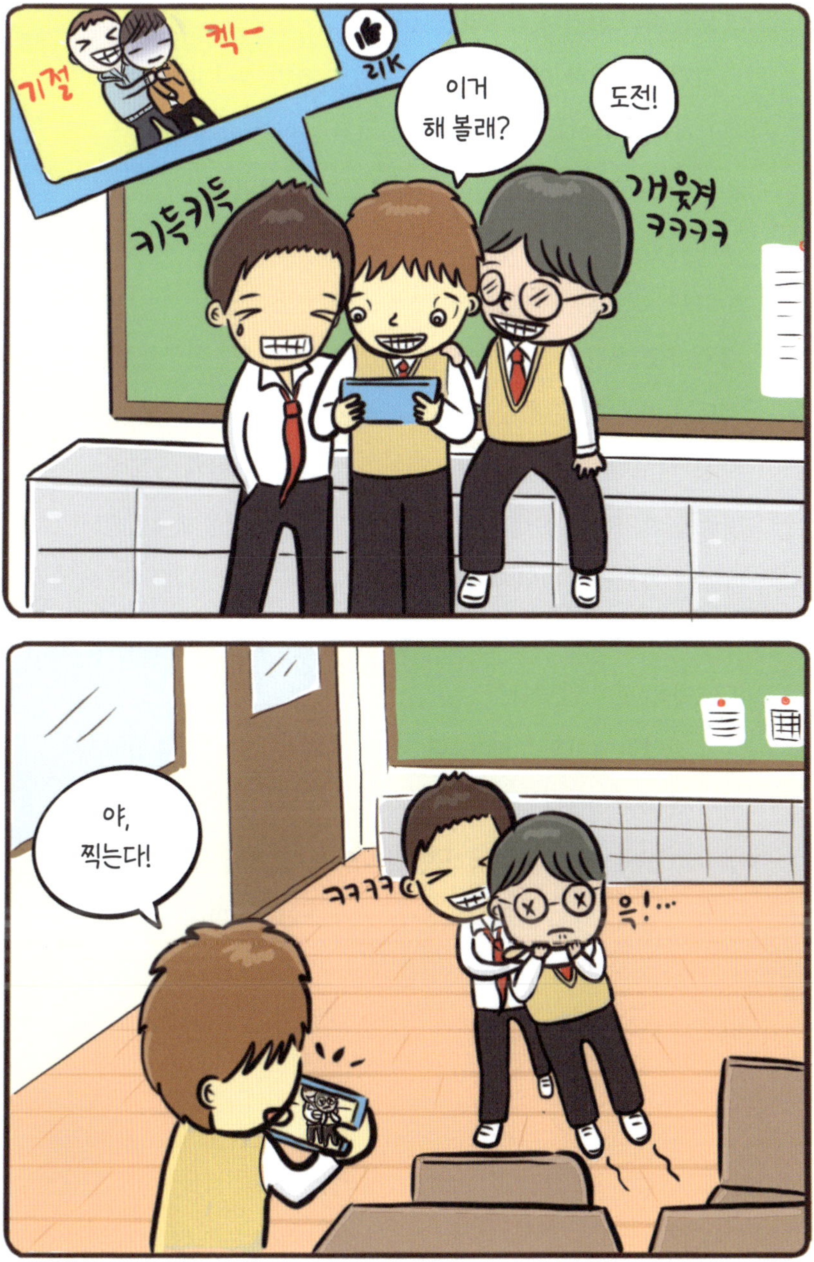
기절
켁ㅡ
키득키득
이거 해 볼래?
도전!
개웃겨 ㅋㅋㅋㅋ
야, 찍는다!
ㅋㅋㅋㅋ
윽!…

영상을 따라 하거나 퍼뜨리면서 일종의 놀이 문화가 되었지.

그런데 위험한 형태의 '밈'도 있어. 숨 참기 챌린지, 블랙아웃 챌린지라고 불리는 '기절 놀이'야. 기절 놀이는 숨을 참아서 몇 초 동안 기절한 것 같은 환각 상태를 즐기는 챌린지야.

이러한 기절 놀이를 하다가 실제로 사망한 사례도 있어.▶ 2021년 아르헨티나에 사는 12세 소녀가 어느 날 친구에게서 '블랙아웃 챌린지' 틱톡 영상을 받았어. 이 소녀는 친구들이 지켜보는 가운데, 못에 밧줄을 감고 숨을 참으며 '블랙아웃 챌린지'를 시도했지. 두 번은 성공했지만 마지막 세 번째 시도에서 밧줄을 제거하지 못해 결국 사망했어. 미국 질병통제예방센터 CDC에 따르면 1995년부터 2007년 사이에 미국 31개 주에서 '블랙아웃 챌린지'를 하다 사망한 것으로 추정되는 6~19세 청소년이 82명에 달했어.▶

우리나라에서도 2000년대 초반에 '기절 놀이'가 유행해서 사회 문제로 떠오른 적이 있어. 목을 졸라서 경동맥이 눌리는 방식, 가슴을 강하게 압박하는 방식으로 '위험한 놀이'가 유행처럼 퍼졌지. 2006년 익산에 사는 중학교 2학년 학생이 친구들과 기절 놀이를 하다가 쓰러지면서 두개골에 금이 가는 증상을 입기도 했어.

스마트폰이 뇌에 미치는 영향

가지치기

뇌는 아주 특별한 신체 기관이야. 생각하고 느끼고 말하고 행동하는 전 과정을 지시하는 '컨트롤 타워' 같은 곳이지. 뇌는 신경 세포로 이루어져 있는데 신경 세포들이 얽혀서 일종의 길을 만들어. 복잡한 길, 단순한 길, 빠른 길, 느린 길, 다양한 신경 회로가 만들어져. 이러한 과정에서 '경험'은 매우 중요해. 어떤 경험을 하느냐에 따라 뇌의 신경 연결이 달라지거든.

자주 사용하는 신경 연결은 단단해지고, 사용하지 않는 신경 연결은 사라져. 이러한 과정을 가지치기prunning라고 해. 나무에서 웃자란 부분을 잘라 내듯이, 잘 사용하지 않는 연결은 솎아 냄으로써 나머지 신경 연결이 더 효율적으로 기능할 수 있게 만드는 거야.

청소년기에는 뇌에서 '가지치기' 과정이 활발하게 일어나. 무언가를 배우면서 인지 기능이 발달하고, 감정 표현이 세분화되고, 사회적 상황을 파악하는 능력도 꿈틀대기 시작하지. 어떤 경험을 하느냐가 중요하고, 골고루 다양하게 경험하면서 뇌가 균형 있게 발달하는 게 필요해.

스마트폰에 집중해 있는 동안 우리 뇌에서는 어떤 일이 벌어질까? '가지치기'가 활성화되는 시기라면 뇌에서 어떤 신경 연결을 강화하고 있을까? 아마 지금 자신이 제일 자주 하는 활동과 관련된 뇌 부위가 발달하고 있을 거야. 스마트폰에 집중하는 동안 몸은 거의 움직이지 않고 손가락만 빠르게 움직이며 대부분 시각 자극에 치우쳐 있어. 알고리즘에 따라 추천되는 영상만을 따라가다 보면 아무 생각 없이 멍하니 화면만 보는 경우도 많아. 정보를 수동적으로 받아들이게 되고, 비판적으로 생각하거나 의미나 목적을 깊이 고민하는 경험은 부족해지지.

전전두엽 발달

청소년기에 뇌가 중요한 두 번째 이유는 '전전두엽 발달'이 이루어지는 시기이기 때문이야. 전전두엽은 합리적 사고, 추론, 맥락 파악 등 고차원적 의사 결정을 담당하는 뇌 영역이야. 아무래도 십 대 초반은 전전두엽 발달이 덜 이루어졌기에 충동에 이끌리거나 감정적으로 판단하는 경우가 많아. 새로운 자극에 혹하기 쉽고 '좋은지 나쁜지'를 제대로 짚어보지도 않은 채 무조건 따라 하게 되지.

'다들 하니까 나도….'

충동적으로 끌리더라도 그것이 해로운 영향을 준다면 멈춰야 하는데, 조절 억제 기능이 아직 완성되기 전이라서 힘들어.

하지만 정상적인 뇌 발달 과정을 거친다면 청소년기 후반에는 전전두엽 발달이 이루어질 테고, 이성적으로 판단해서 조절하는 능력도 생길 거야. 게임에 빠져서 밤낮없이 지내다가도 수면 부족, 부모님과의 갈등, 체력 저하, 학습 능력 저하 등 자신한테 안 좋은 영향을 주는 것 같다면 반성하면서 행동을 조절하려는 마음을 먹게 될 거야.

'이렇게 계속하면 안 될 것 같아.'
'조금 줄여야 하지 않을까?'

그러나 전전두엽이 아직 완성되기 전이라면, 후회했다가 자책했다가 다시 충동에 빠졌다가 하면서 왔다 갔다 할지도 몰라. 습관은 한 번에 '짠!' 하고 바뀌지 않으니, 너무 조급해하지는 않았으면 해. 자책과 후회가 생긴다는 건 '부정적 영향을 인식'하기 시작했다는 것이고, 이성적으로 판단해서 행동을 조절하기 위한 시작점이 될 테니까.

스마트폰 중독,
우리가 놓치고 있는 것

2024년 여성가족부 자료에 따르면 청소년 10명 중 8명은 학교를 마치면 학원에 가거나 과외 수업을 받는대. 학교 일과가 끝난 뒤에도 2~3시간 정도 공부를 더 하고, 여가 시간에는 주로 스마트폰 동영상을 보면서 시간을 보낸다고 해.▶

입시 경쟁으로 '공부 압박'은 늘었고 '자유 시간'은 줄었어. 어른들은 학원 일정 관리와 안전을 위해서 아이들 손에 스마트폰을 쥐여줬지. 빡빡한 학원 스케줄을 소화하다 보면, 스마트폰이 유일한 친구처럼 여겨지기도 해. 스마트폰만 있으면 '혼자'라는 생각을 잊을 수 있거든. 소소한 일상을 SNS에 올리면 페친(페이스북 친구), 인친(인스타 친구)들이 와서 '좋아요'를 눌러주고 댓글을 달아줘. 호응을 받으면 기분이 좋아져. '좋아요' 하트 개수가 늘어난 만큼 사랑받는 기분이랄까. 더 많은 '좋아요'를 받기 위해 사람들이 더 혹할 만한, 더 짜릿한 게시물을 올리고 싶어지지. 그런데 말이야, 게시물에 달린 '좋아요'가 '진짜 나를 좋아한다'는 말일까? 아니면 'SNS에 올린 나를 좋아한다'는 말일까?

SNS 게시물에 올린 내 모습은 대부분 꾸며진 모습이야. 어떤 상황을 일부러 연출하기도 하고 '보여주고 싶은' 모습을 올릴 테니까. 있는 그대로의 내가 아니야. '좋아요'나 '댓글'이 많이 달리면 잠시 외로움을 잊을 수는 있지만, 이내 헛헛한 마음이 들 거야. 그것만으로 우리의 관계 욕구가 채워지지는 않거든.

우리는 기본적으로 '관계 욕구'가 있어. 누군가에게 사랑받고 연결되고 싶은 마음이지. 보통 뭔가를 함께 경험하면서 관계를 유지하려 해. 팀을 나눠서 운동 경기를 하거나 캠핑을 가거나 간식을 나눠 먹으면서 말이지. 고민을 나누면서 위로를 주고받기

도 하고, 재미있는 농담에 깔깔거리면서 감정을 나누지.

'관계성'은 친구들과 어울리면서 여러 상황과 맥락 속에서 감정을 조절하면서 배워가는 거야. 뭔가를 원할 때 느끼는 '열정', 상대와 의견이 다를 때 느끼는 '짜증이나 서운함', 원하는 결과물을 이뤄냈을 때 느끼는 '짜릿한 성취감', 그러한 감정을 공유하면서 느끼는 안정감. 이런 감정은 실제 경험을 통해서만 알 수 있거든.

중독 위험성 : 나도 모르게 나를 빼앗긴다면?

'스마트폰 중독 혹은 과의존'이란 말을 들어본 적 있니? 우리나라 청소년의 42.6%가 스마트폰에 과도하게 의존하고 있다고 해.▶ 10명 중 4명꼴이야. 스마트폰 중독은 단순히 스마트폰을 '많이 사용한다'는 의미가 아니야. 부정적 결과 및 부적응 경험에도 불구하고 스마트폰 사용을 조절하지 못하는 상태를 말해. 이게 무슨 말인지, 구체적으로 한번 살펴볼게.

첫째, 스마트폰을 일상의 다른 활동에 비해 우선시하는지를 살펴야 해. 스마트폰이 일상의 전부가 되는 거야. 상대적으로 대인 관계나 학업, 집안일 등 다른 활동은 무시되고 말이야. 가령, 스마트폰으로 신나게 게임을 하고 있는데 엄마가 밥 먹으라고 불렀어.

"밥 먹어라!"

그런데 빽 소리를 지르고는 스마트폰을 계속하는 거야.

"나 이거 먼저 해야 해!"

스마트폰을 하느라 밥 먹는 걸 뒤로 미루고, 숙제를 잊고, 학원을 빼먹는 등 스마트폰 활동이 다른 활동들보다 우선시되는 거야. 이를 '현저성salience'이라고 해.

둘째, 스마트폰 사용을 적절하게 조절할 수 있는지를 살펴봐야 해. '언제 어느 정도 사용할 것인지' 사용 패턴을 정해 두고도 지키는 데 어려움을 겪는지 말이야.

'게임 한 판만 해야지.'

'딱 한 시간만 해야지.'

이렇게 마음을 먹었는데도, 하다 보면 어느새 세 시간이 지나가 있고, 도저히 멈출 수가 없다면 중독을 의심해 봐야 해. 이를 '조절력 상실'이라고 해.

셋째, 스마트폰 사용으로 인해 신체 건강, 정신 건강, 대인 관계, 학업 등에서 문제를 겪는지 살펴야 해. 이를 '문제적 결과'라고 부르고 있어. 예를 들어 구부정한 자세나 운동 부족, 눈의 피로, 수면 부족을 겪거나 불안, 우울, 사회적 고립감을 겪을 수 있어. 혹은 스마트폰으로 인해 실제 사람과 대면하는 상황을 두려워하거나 공감 능력이 저하되는 등 사회성에 문제가 생길 수도 있어. 학업이나 업무 등에서 수행 능력이 떨어질 수도 있지.

스마트폰, 편리함과 의존 사이에서 균형 찾기

스마트폰은 분명 편리한 도구야. 전화, 문자, 검색, 강의, 사진, 기록, 동영상 등 일상을 더욱 편하게 해주는 도구임에 분명해. 편리한 기능이 많은 만큼 너무 자주 사용해서 문제가 생기지. 스마트폰에 중독되면 체력 저하, 거북목 증후군, 안전사고, 수면 부족, 집중력 약화, 가족들과 갈등, 학교 부적응, 범죄 우려, 불안감 등 일상에 부정적 영향을 미칠 수 있어.

스마트폰을 어떻게 사용해야 편리함을 누리면서도 부정적 영향을 최소화할 수 있을까? 몇 가지 방법을 알려줄게. 이 중에서 실천할 수 있는 방법이 무엇일지 생각해 봐.

스마트폰 사용 시간 정해 두기

하루 중 스마트폰을 사용하는 시간을 미리 정해 놓는 거야. 예를 들어 '저녁에 숙제하고 나서 2시간 동영상 보기'라는 규칙을 정하는 거야. 스마트폰을 하다 보면 시간을 지키기 어려울 수 있으니 '타이머'를 설정해 두자.

공부하거나 숙제할 때는 스마트폰 멀리 두기

뭔가 집중할 때는 스마트폰을 멀리 두는 게 좋아. 가방 속에 넣거나 다른 방에 두자. 혹은 비행기 모드로 설정해 놓을 수도 있어.

알림 끄기

게임 앱이나 SNS의 알림음이 울리면 스마트폰을 자주 들여다보게 돼. 중요 알림이 아니라면 '알림 설정'을 해제하도록 하자.

가족과 식사하는 시간에 스마트폰 보지 않기

가족들과 밥을 먹을 때는 스마트폰을 하지 말고 대화에 집중해 보자. 물론 혼자만 지켜서는 안 되겠지? 가족 모두가 약속하고 실천하는 게 좋아.

주 1회 스마트폰 사용 기록 확인하기

스마트폰 사용 기록을 주기적으로 확인해 봐. 스마트폰을 얼마나 사용했는지, 어떤 앱을 많이 사용하는지, 주로 어떤 시간대에 사용했는지를 확인하면 개선점을 알 수 있을 거야.

스마트폰 없는 하루 보내기

'스마트폰 없는 하루 보내기' 챌린지를 해 보자. 형제나 자매, 혹은 친구와 함께 도전하는 거야. 스마트폰을 하는 대신에 함께 운동하거나 보드게임을 하면서 서로를 도울 수 있을 거야.

보상 시스템 만들기

스스로 다짐했던 스마트폰 사용 시간을 잘 지켰을 때, 자신에게 보상을 해주자. 예를 들어 스마트폰 1시간만 사용하기로 한 약속을 지켰다면 맛있는 치킨을 보상으로 자신에게 주는 거야.

나도 고위험군일까?

톡톡
플러스
+

스마트폰 중독 자가 진단

다음의 항목에 체크해 보면서 스마트폰 중독 상태인지를 스스로 확인해
보자.

스마트폰 중독 자가 진단▶

① 전혀 그렇지 않다 ② 그렇지 않다 ③ 그렇다 ④ 매우 그렇다

	문항	①	②	③	④
1	스마트폰 이용 시간을 줄이려 할 때마다 실패한다.	1	2	3	4
2	스마트폰 이용 시간을 조절하는 것이 어렵다.	1	2	3	4
3	적절한 스마트폰 이용 시간을 지키는 것이 어렵다.	1	2	3	4
4	스마트폰이 옆에 있으면 다른 일에 집중하기 어렵다.	1	2	3	4

5	스마트폰 생각이 머리에서 떠나지 않는다.	1	2	3	4
6	스마트폰을 이용하고 싶은 충동을 강하게 느낀다.	1	2	3	4
7	스마트폰 이용 때문에 건강에 문제가 생긴 적이 있다.	1	2	3	4
8	스마트폰 이용 때문에 가족과 심하게 다툰 적이 있다.	1	2	3	4
9	스마트폰 이용 때문에 친구 혹은 동료, 사회적 관계에서 심한 갈등을 경험한 적이 있다.	1	2	3	4
10	스마트폰 때문에 업무(학업 혹은 직업 등) 수행에 어려움이 있다.	1	2	3	4
계	1번부터 10번까지 점수를 합산				점

24~28점 : 잠재적 위험 사용자군

스마트폰 사용에 대한 조절력이 약화된 상태로

대인 관계 갈등이나 일상의 역할, 과업에 문제가 발생하기 시작한

단계.

29점 이상 : 고위험군

스마트폰 사용에 대한 통제력을 상실한 상태로

대인 관계 갈등이나 일상의 역할, 과업 문제, 건강 문제 등이

심각하게 발생한 상태.

혼자서 힘들다면 도움을 받아도 돼

스마트폰 조절이 마음처럼 되지 않아서 힘들어하는 친구들이 많아. 이런 문제는 혼자 해결하려 애쓰기보다 주변에서 도움받으면 훨씬 빨리, 건강한 방식으로 해결할 수 있어. 우선 주변에서 이야기를 나누어볼 만한 사람을 찾아봐. 담임 선생님이나 학교 상담 선생님, 친구들과 이야기를 나누는 것만으로도 큰 위로와 실마리를 얻을 수 있어.

좀 더 전문적인 도움을 받고 싶다면 인터넷에서 '스마트쉼센터'를 검색해 봐. 스마트쉼센터는 스마트폰 중독을 예방하고 극복하기 위한 전문 상담 기관이야. '스마트폰 중독' 정도를 스스로 진단해 보고, 그 결과를 바탕으로 상담을 지원받을 수 있어. 무엇보다 중요한 건 '혼자 해결해야 하는 문제'라고 생각하지 않는 거야. 주변에 도움을 요청하는 건 약한 게 아니라 '나를 위한 용기 있는 선택'이니까.

스마트쉼센터 https://www.iapc.or.kr/ 상담 문의 1599-0075

지역별 스마트쉼센터

서울 02-756-0075	강원 033-249-3075
인천 032-725-3230	충북 043-211-8275
대전 042-270-3223	충남 041-635-5834~6
대구 053-768-7978	전북 063-288-8495~7
울산 052-256-5234	전남 061-642-1971~3
부산 051-744-7517	경북 054-242-0076
광주 062-613-5790~1	경남 055-281-7333~5
경기 남부 031-8008-8044~6	제주 064-723-2670
경기 북부 031-836-8805~7	세종 044-300-2471~3

스마트폰 중독 문제로
고민하는 부모님에게

서두르지 말고 천천히 심호흡하면서 바라보기

스마트폰에 지나치게 의존하는 아이를 보면 마음이 복잡해지죠. 이러다
잘못되면 어쩌나 걱정스럽고, 꾸짖거나 달래도 변화가 없으면 답답해져요.

'스마트폰을 괜히 사 주었나.'

'결국 나 때문인가.'

자책하기도 하고요.

그럴 때 일단 천천히 심호흡하세요. 후! 하! 천천히 깊게 심호흡하면서
숨을 고르는 순간이 필요해요. 마음 같아서야 하루라도 빨리 달라지면
좋겠지만, 생각이건 행동이건 습관이 달라지는 데는 시간이 필요해요.
아이가 달라지는 속도보다 부모의 불안이 앞서면, 아이의 변화 속도가
느려져요.

습관이 바뀌는 건 '달팽이 경주' 같은 거예요. 단번에 눈에 띄지 않을 뿐
'달팽이'도 온 힘을 다해서 나아가고 있거든요. 주변에서 볼 때는 '아무것도
안 하는 것처럼' 보여도 달팽이는 제 나름대로 열심히 애를 쓰고 있어요.

부모님이 옆에서 '넌 왜 아무 노력을 하지 않느냐'고 다그치면 달팽이는 아주 슬퍼진답니다.

조금씩 달라지는 부분을 아주 세심하게 관찰해 봐야 해요. 첫 번째 드러나는 작은 변화는 '후회'예요. 아이가 자신도 모르게 게임을 하다 밤을 새웠을 때, '아, 나 조금만 하려고 했는데 맘대로 안 돼…' 하며 속상해한다면, 일단 그게 시작이에요.

문제의식을 느끼며 후회한다는 건 '조절 억제 능력'이 발달하고 있다는 신호거든요. 청소년기는 조절과 통제를 담당하는 뇌 부위가 만들어지는 단계예요. 아직 완성되지 않고 발달 중인 거죠. 그러니 자신의 행동을 완벽하게 조절하지 못하는 건 당연해요. 문제의식을 가지고, 자신의 행동을 후회하면서 조절 억제 능력은 다듬어져요.

'스마트폰 조절을 어려워하는' 마음 들여다보기

스마트폰 사용을 조절하는 게 왜 이렇게 어려울까요? 거기에는 어떠한 동기가 작용할까요? '자기결정성 이론Self-determination theory'에 의하면, 우리가 무언가를 지속하기 위해서는 세 가지 기본적인 욕구가 충족되어야 한다고 해요.▶

첫째는 '자율성'이에요. 자신의 행동과 선택을 스스로 통제하고 있다고 느끼면서 충족되는 욕구예요. 게임 속에서는 엄청난 힘으로 상대를 제압하고 왕이나 영웅이 되기도 해요. '내 마음대로, 내 의지대로' 이루어진다고 느낄 거예요. 자신이 원하는 대로 이루어지는 경험이 충족되는 거예요.

둘째는 '관계성'이에요. 다른 사람들과 연결되는 느낌을 받으면서
소속감을 통해 충족되는 욕구예요. 주변 친구들이 스마트폰으로 게임을
하면 함께하고 싶어져요. SNS상에서 실시간으로 이야기를 나누면서
누군가와 연결되는 느낌을 받기도 하고요.

셋째는 '유능감'이에요. 자신의 능력을 발휘하고 도전적인 과제를
해내면서 충족되는 욕구예요. 어려운 미션을 성공하고 게임 레벨이
올라갈수록 성취감을 느끼고 성공 경험이 쌓이게 돼요.

'자율성, 관계성, 유능감'은 우리가 바라는 기본적인 욕구이자 동기예요.
이러한 욕구가 일상에서 좌절되었을 때, 게임이나 SNS, 인터넷 세상에
지나치게 몰입하는 경우가 많다고 해요

일상에서 '자율성, 관계성, 유능감'을 충족시키는 방법

자율성을 충족시키려면 스스로 선택하고 행동한다고 느껴야 해요. 학습
계획을 스스로 세우는 것처럼 자신이 하고 싶은 일을 스스로 정하도록
독려해 주세요. 무언가를 선택할 때 강요받기보다는 선택의 여지가 있어야
해요. '당연히 그래야지', '반드시 해야 한다'라는 식의 이야기는 압박처럼
느껴져요. 외부의 강요나 통제가 강해서 '자신의 의사를 표현하지 못하고
억누르면' 자율성 욕구가 좌절된다고 해요.

관계성은 누군가와 연결되어 소속감을 느끼는 데서 생겨요. 동아리나 봉사
활동, 운동 모임처럼 관심 분야가 비슷한 사람들과 어울리면서 교류하면
좋아요. 친구와 교환 일기를 쓰거나 가족들과 서로 고민을 나누면서
끈끈한 관계를 이어가는 것도 중요하죠. 관계성은 많은 시간을 공유하는

것보다 어떤 시간을 공유하는지가 중요해요. 서로를 생각하는 마음을
나누고, 고마움을 많이 표현하고 서로를 인정해 주세요.

유능감은 자신의 능력을 발휘하고 성취감을 느끼는 데서 생겨요. 운동이나
그림 등 새로운 기술을 배우거나 목표를 세우고 도전해 보면 좋아요.

'덩크슛을 해낼 거야.'

'손가락이 사라지는 마술을 감쪽같이 해 보고 싶어.'

'아이브 안무를 틀리지 않고 춰야지.'

이런 다짐이 목표가 될 거예요. 너무 큰 목표를 세우지 말고, 이룰 수 있을
만한 현실적인 목표를 세우는 게 중요해요.

일상에서 자율성, 관계성, 유능감 욕구를 충분히 충족시킬 수 있다면,
그래서 만족스럽고 행복하다면, 인터넷 세상에 지나치게 몰입할 이유가
사라질 거예요. 일상에서도 충분히 스스로 선택할 수 있고, 사랑받고
있음을 느끼고, 성취감이 충만하다면, 그 일상을 더욱 소중하게 여기기
마련이거든요.

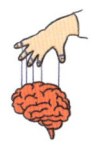

외모가 마음에 들지 않는 혜미

나는 중학생이야. 아침 7시에 일어나서 벌써 한 시간 넘게 메이크업과 앞머리 손질에 공을 들이고 있지. 엄마가 아까부터 밥 먹으라고 소리치네.

"알겠어! 알았다고!"

짜증 섞인 대답만 하고는 다시 화장에 집중해. 밥은 별로 중요하지 않아. 쌍꺼풀이 선명하게 보이는지, 눈썹이 짝짝이가 아닌지가 더 큰 문제지. 엄마는 나를 볼 때마다 못마땅한 얼굴로 잔소리를 해.

"거울 앞에서 뭐 그렇게 할 게 많니? 네 나이 땐 아무것도 안 해도 예쁘다니까."

모르는 소리. 아이라인을 그린 얼굴과 안 그린 얼굴은 천지 차이인걸. 그런 말을 들을 때마다 화가 나. 이렇게 못생기게 낳아놓고 그런 말도 안 되는 소리를 하다니….

'아무것도 안 해도 예쁘다'는 거짓말

중학교에 들어오자마자였나, 부모님한테 쌍꺼풀 수술을 시켜 달라고 졸랐어. 엄마는 달래려고만 했어.

"네 얼굴이 어디가 어때서?"

"예쁘기만 한데!"

"그런 데 신경 쓰지 말고 공부해! 너 중학생이야. 정신 바짝 차려!"

엄마는 나중에 대학 가면 다 예뻐진다고 입버릇처럼 말하셔. 치, 거짓말. 아무것도 안 해도 예쁘다는 건 순 거짓말이야. 엄마도 예쁜 아이돌을 보면 인형 같다며 뚫어져라 쳐다보거든. 내 친구 아영이를 보고는 그러시더라고.

"참 예쁘게 생겼네. 너 인기 많지?"

그러면서 나한테는 외모에 신경 쓰지 말고 공부나 하라니….

예뻐야 사랑받아. 못생기면 아무도 좋아해 주지 않아

중학교에 들어와서, 함께 어울리던 친구들 간에 오해가 생겨서 사이가 멀어진 적이 있어. 걔네가 나에 대해 험담을 하고 다녔어. 그게 학원까지 퍼졌는지, 어느 날 학원 복도를 지나가는데 모르는 아이들이 나한테 비아냥거렸어.

"으악~ 내 눈 버렸네. 눈을 뜬 거냐, 감은 거냐. 으흐흐."

처음에는 나한테 악감정을 가지고 있는 애들 무리라고 생각해서 그냥 넘기려고 했어. 그런데 곱씹을수록 자꾸 신경이 쓰였어. 친하게 지내던 무리에서 떨어져 나와서 외로운 데다가, 못생겼다는 놀림까지 받으니 비참했지. 못생겨서 미움을 받는 거라는 생각이 들었어.

'내가 예쁘고 잘나가는 외모였다면 애들이 이렇게 나를 무시하지 않을 텐데….'

그래서 나는 예뻐지기 위해 애썼어. 턱을 갸름하게 만들려고 보조 기구를 사고, 쌍꺼풀액을 바르고, 밥 대신 요거트를 먹거나 그냥 굶었지. 너무 배가 고플 때는 SNS에 떠다니는 '마른 몸' 사진을 봤어. 그러다 거울을 보면 기분이 별로야. 말랑말랑 살도 너무 싫고 쌍꺼풀 없이 흐릿한 눈매, 주저앉은 콧대, 칙칙한 피부, 다 싫어.

예뻐지려고 아무리 노력해도 만족스럽지 않아. 뭔가 계속 부족하다는 느낌이 들거든. 대체 어떻게 해야 할지 모르겠어.

외모에 대한
관심이냐, 집착이냐

외모를 꾸미고 관리하는 건 자연스러운 일이야. '다른 사람에게 비춰지는 나'를 신경 쓰는 건, '정체성'을 만드는 데 중요하거든. 다만 혜미처럼 외모를 꾸미는 게 '집착'으로 변하면 심리적, 신체적으로 부정적인 영향을 받을 수 있어.

그럼, 외모에 대한 관심인지, 외모에 대한 집착인지는 어떻게 알 수 있을까? 다양한 모습을 통해 관심인지 집착인지 가늠해 볼 수 있어.

외모를 꾸미는 데 드는 시간과 에너지 차이

관심	집착
중요한 약속이나 일정이 있을 때 옷을 고르고 화장을 한다.	대부분의 시간을 외모를 꾸미는 데 써서 학업이나 다른 일상생활, 타인과의 관계에 영향을 받는다. 아침밥을 굶으면서 화장을 하거나, 다이어트 때문에 친구들을 만나려 하지 않는다.

타인 평가에 대한 민감도

관심	집착
자신의 외모를 꾸미며 스스로 만족감을 느낀다.	타인의 시선이나 평가에 과도하게 반응하며 쉽게 불안해한다. 가령 친구가 무심결에 '너 오늘 눈이 부었어'라고 말하면, 하루 종일 그 생각이 맴돌면서 걱정한다.

비교와 만족감의 차이

관심	집착
남과 비교하지 않고 자신의 스타일에 대체로 만족한다.	계속 남들과 자신을 비교하면서 부족한 점을 찾아낸다. '나 빼고 다들 날씬하네.' '내가 쟤보다 눈이 작잖아.'

내면과 외면의 균형

관심	집착
외모와 함께 내적 성장에 신경을 쓴다.	외적인 요소만을 최우선으로 여기며 성격, 능력, 대인 관계 등을 소홀히 여긴다. 자신이나 타인을 대할 때 오직 외모만으로 평가하는 경향이 있다. 외모를 치장하려고 위험을 무릅쓰며 돈을 들여 성형을 하거나, 극단적인 다이어트를 하기도 한다.

청소년기에 외모에 관심을 갖는 건 자연스러운 일이야. 외모는 '내가 누구인가'를 드러내는 중요한 요소 중 하나거든. 어떤 스타일이 나와 어울리는지, 어떤 모습이 나를 잘 표현할 수 있는지를 고민하면서 '나'에 대해 조금씩 알아가게 되지.

세상에 '나'라는 사람은 하나잖아. 그러니 자신을 다른 사람과 비교하면서 우위를 정할 수는 없어. 각자의 고유한 스타일이 있거든. 그런데 겉으로 보이는 외모라는 잣대를 '절대 가치'로 여기면서 자신이 생각하는 멋진 외모를 갖기 위해 무리한 시도를 하다 보면 외모에 대한 '집착'이 생기고, 심하면 외모 중독에 이를 수 있어.

외모 집착의 위험성

SNS를 열어보면 그림처럼 예쁜 얼굴과 몸매를 자랑하는 사람들이 넘쳐나지.

'어떻게 이렇게 완벽할 수 있지?!'

감탄이 나올 정도야. 그걸 보면서 자신도 모르게 거울 앞에 서서 비교하게 돼.

"나는 왜 이렇게 생겼지?"

자괴감이 들기도 해. 그런데 이렇게 외모에 집착하다 보면 대체 무슨 일이 벌어지게 될까?

자꾸만 작아지는 내 자신

외모에 집착하기 시작하면 계속 거울을 보면서 뭔가를 할 거야. 완벽하게 화장하려고 노력하며 더 날씬해 보이려 애를 쓰지. 볼살을 빼려고 밤낮없이 롤러로 양 볼을 밀어대면 조금 효과는 있을지 몰라. 그런데 문제는 그게 끝이 아니라는 거야. 더 완벽해지기를 원할 테니까. 이상적인 외모를 강렬하게 원하고 집착할수록 자신의 부족한 면은 두드러져. 자신이 가진 좋은 점은 잊고 '난 정말 부족해'라는 생각이 반복되면서 스스로 계속 작아지게 되거든.

몸도 마음도 지쳐간다

자신이 뚱뚱하다고 생각하는 사람, 한번 손 들어볼래? 2024년 질병관리청 조사에 따르면 중고등학생 5명 중에서 1명 정도 (23.0%)가 정상 체중임에도 스스로 뚱뚱하다고 느낀다고 해. 자신의 외모를 객관적으로 보는 게 아니라 어떠한 기준에 따라 왜곡해서 판단하는 거야. 그 기준이란 대중 매체에서 접하는 '연예인'이기도 하고, 마른 몸을 지향하는 유행 혹은 또래 문화이기도 하지.

'뼈말라(뼈가 보일 정도로 마른 몸)'를 원하는 아이들은 살을 빼기 위해 과격한 방법을 쓰기도 해. '무쫄(무식하게 쫄쫄 굶기)', '먹토(먹고 토하기)', '씹뱉(씹고 뱉기)'을 하면서 음식 섭취를 극도로 제한하지. 그러다 보면 배는 고프고 체력은 떨어지고 집중력은 바닥이 나. 결국에는 몸이 버티지 못하고 탈이 나게 되어 있어.

'내가 이렇게까지 해야 하나?'

'아니야, 더 예뻐져야 해. 자꾸 먹는 건 의지가 부족한 내 탓이야.'

이렇게 생각이 충돌하면서 스트레스가 심해지기도 하지. 내적 갈등과 자책, 후회가 반복되면서 우울감이나 불안감에 빠지기도 해.

식욕 억제제? 그거 진짜 위험한 거 알지?

'이렇게 힘들게 굶느니 약을 먹고 살을 빼는 게 낫지 않을까?'

외모에 집착하다 보면 이런 생각을 할 수도 있어. 그런데 이건 정말 위험한 생각이야. '식욕 억제제'는 중추 신경계에 작용하는 향정신성 의약품이기에 반드시 의사 처방이 필요해. 일명 나비약으로 알려진 '펜터민(디에타민)'은 원칙적으로 체질량 지수 30 이상의 고도 비만이나 대사 질환이 있는 환자에게 처방하고 있어. 16세 미만 청소년에게는 처방이 금지되어 있지. 위험성이 높은 향정신성 의약품임에도 불구하고, 온라인 광고에서는 그런 위험성을 꽁꽁 숨겨두었어.

일주일 만에 5kg 감량!

이런 문구에 현혹될 거야. 빠르고 쉽게 감량한다는 말에 혹해서 불법이어도, 비싸도 복용한다면 부작용으로 엄청나게 고통받을 수 있어. 2명 중에 1명은 부작용을 경험하거든. 두통이

나 불면증 같은 가벼운 증상에서부터 혈관계 질환, 환각, 공황 증상처럼 심각한 고통이 나타날 수 있어.

외모가 바뀐다고 자존감이 높아지지 않는 이유

외모를 바꾸는 것과 내면의 자존감은 별개 문제야. 눈이 작아서 고민인 사람이 눈이 커진다고 자존감이 높아지지는 않는다는 얘기야. '외모가 달라진 것'과 '내가 나를 어떻게 바라보는지'는 서로 다른 개념이니까. 뭐가 어떻게 다르냐고? 예뻐지면 남들 앞에서 더 당당해지고 자신감이 넘치는 거 아니냐고?

그렇지 않아. 누군가와의 비교는 늘 상대적으로 진행돼. 키가 150cm인 사람은 140cm인 사람보다는 크고 160cm인 사람보다는 작아. 나보다 눈이 큰 사람과 비교하면 내 눈이 작아 보이지. 비교는 상대적으로 이루어져. 그럼 누구와 비교하느냐가 중요하겠지?

우리는 대부분 선망하는 대상과 자신을 비교해. 대중 매체에 나오는 연예인이나 유튜버, 인플루언서 같은 사람들 말이야. 하지만 어쩌면 포토샵으로 잘 보정된 사진을 보면서 부러움을 키위가는 것일 수도 있어.

또한 선망하는 대상과 비교하는 과정에서 자신의 단점을 찾아내는 습관이 생기기 쉬워. 쌍꺼풀 수술을 해서 눈이 실제로 커졌다고 해도, 누군가와 비교하는 습관이나 자신을 안 예쁘게 평가했던 생각이 남아 있다면 여전히 만족스럽지 않을 수 있지. 눈은 커졌지만 라인이 어색해서 한 번 더 해야 하나 싶기도 하고, 혹은 코나 턱이 눈에 거슬릴 수도 있을 거야.

자신의 단점을 찾아내고 깎아내리는 게 습관이 될수록 '자신에 대한 불만족'이 쌓이게 돼. 아무리 달라져도 아직은 부족하다는 생각이 드는 거야. 이게 치명적이지. 성형 수술로 외모가 바뀌었는데도 여전히 만족스럽지 않고 남들의 시선이 신경 쓰일 테니까.

중요한 건 말이지, 내가 나의 외모를 어떻게 생각하는지에 달렸어. 키가 크든 작든, 살이 쪘든 말랐든, 그러한 나를 어떻게 느끼고 바라보는지가 중요해.

사람들이 나의 외모를 어떻게 볼까

나도 어렸을 때 키가 큰 아이들이 부러웠어. 초등학교에 들어갈 때부터 늘 작은 축에 속했거든. 키가 큰 아이들이 어깨동무를 하면서 팔로 누를 때가 있는데, 장난이라 해도 기분이 나빴지. 무시당하는 것 같았어. 중학교 때 한창 옷에 관심을 두기 시작하면서 부러움이 더 심해진 것 같아. 키 작고 뚱뚱한 내 모습을 보면 한숨만 나왔지. 내 몸이 마음에 안 들었으니까.

너희들은 거울을 보면 어떤 생각이 드니? 나처럼 뭔가 마음에 안 드는 부분이 먼저 보이니? 그럭저럭 괜찮다는 생각이 드니? 자신의 몸을 보면서 느끼는 주관적인 이미지를 '신체 이미지body image'라고 해. 쉽게 말해서 '사람들이 나의 외모를 어떻게 볼까?'라는 질문에 대해 마음속으로 떠올리는 답이지.

긍정적 신체 이미지를 지닌 사람들은 자신의 외모에 그럭저럭 만족해. 외모는 능력이나 성품만큼 중요한 건 아니라고 생각하지. 자신의 겉모습을 객관적으로 보려고 해. 왜곡하지 않는다는 의미야. 키와 몸무게로 비만도를 확인해 볼 수 있는 '체질량지수'라는 개념이 있는데, 이 기준으로 볼 때 '정상 범주'라면 그대로 받아들이는 거지. 자신의 몸을 있는 그대로 인정해. 다른 모습이길 꿈꾸면서 시간을 허비하지 않아. 몸의 외형보다는 기능이나 상태를 중시해. 쌍꺼풀이 있든 없든 시력과는 상관이 없잖아? 눈이 작든 크든 찢어졌든 처졌든 앞이 잘 보이면 그만인 거지.

반면 부정적 신체 이미지를 지닌 사람은 '자신만의 이상적인 기준'과 비교해. 대부분 대중 매체에 나오는 연예인, 주변인, 또래 문화 등 외부 요소에서 영향을 받아. 자신의 몸을 부족하게 느껴. 쌍꺼풀이 짙은 사람과 비교했을 때 자신의 눈은 너무 작고 볼품없이 느껴지는 거야. 어떤 부정적인 일이 일어나면 외모 탓으로 돌리는 경향이 있어.

'내가 못생겨서 인기가 없는 거야.'

'내가 키가 작아서 고백했는데 차인 거야.'

자신을 가치 없게 여기기도 해. 스스로 무시당할 만하다고 생각하지.

외모 칭찬이 마냥 좋지 않은 이유

"야, 오랜만에 봤더니 날씬해졌네."

"너 쌍꺼풀 진짜 예쁘다."

우리는 무심코 이런 말을 해. 오랜만에 만나서 인사치레로 하기도 하고, 상대를 기분 좋게 해주기 위해 건네기도 하지. 어쨌든 긍정적인 말이고 칭찬이니 기분은 좋을 거야. 하지만 한번 생각해 볼 게 있어.

칭찬은 기본적으로 어떤 행위를 격려하고 지속하게 하는 힘이 있거든. 외모 칭찬을 받으면 단순히 기분이 좋은 것을 넘어, 외모에 신경 쓰는 행위를 강화하게 만들어.

'사람들이 내 외모에 관심이 많구나. 이렇게 외모를 유지해야 칭찬을 듣는구나.'

이런 생각이 들며 외모에 대한 집착이 강해지는 거야.

행여 다른 면으로는 꾸지람을 듣는데, 오직 외모에 대해서만 칭찬을 듣는다면 더욱 그럴 거야. 가령 공부를 못한다고 늘 꾸지람을 받던 아이가 또래 친구들에게 외모 칭찬을 받게 되면,

외모 가꾸기에 더 몰입하게 되는 거지.

'외모를 이렇게 유지해야 사람들이 좋아할 거야.'

외모 중독에서 벗어나는
실천 방법

무조건 비교하지 않기

SNS나 대중 매체를 보면 늘 화려하고 완벽해 보이는 사람들이 가득해. 하지만 그들의 모습이 과연 현실을 그대로 반영한 걸까? 포토샵과 필터가 더해진 이미지일 가능성이 커. 그런데도 우리는 타인의 완벽해 보이는 순간만을 보면서 단정 지어.

'저 사람은 완벽할 거야.'

정말 그럴까? 실제로는 대부분의 사람들과 마찬가지로 어느 정도 허점과 고민이 있지 않을까?

남들과 비교하는 건 본능적으로 자신도 모르게 일어나지. 하지만 비교는 언제나 상대적이라는 걸 기억해 둬. 기준을 어디에 두느냐에 따라 달라지거든. 누구와 비교하느냐에 따라 달라져.

외모 피드백에 휘둘리지 않기

타인의 말이 꼭 진실은 아니야. 누군가 내 외모에 대해 부정적인 말을 한다면, 그게 정말 사실인지 한 번 생각해 봐. '그저 저 사람의 생각일 뿐이야'라며 넘겨도 돼. 그 말이 정말 객관적인 판단인지 아니면 단순한 편견인지 구분할 필요가 있어.

외모에 대한 긍정적인 피드백에 의존하지 않는 것도 중요해. 칭찬을 받으면 기분이 좋지만, '내가 예뻐야 사람들이 나를 좋아하는구나'라며 착각하기 쉬워. 그러면 결국 외모에 더 집착하게 되거든.

다른 사람의 외모 피드백으로 내 자존감을 결정짓지 말자. 외모는 나를 설명하는 여러 가지 중 하나일 뿐이잖아.

'나는 그림을 잘 그려. 줄넘기도 잘하지. 친구들은 내가 호응을 잘해 줘서 좋대.'

외모로 인정받는 것보다 나의 성격이나 능력으로 인정받는 것이 더 지속적인 만족을 준다는 걸 기억하자.

내 몸의 고유한 특징 찾기

같은 반 친구들을 둘러볼까? 일상에서 직접 마주치는 사람들은 대부분 예쁜 부분도 있고 아닌 부분도 있어. 뱃살이 많고 다리가 날씬한 사람, 눈이 작고 머리카락이 풍성한 사람, 피부가 거칠고 키가 큰 사람 등등.

지금 자신의 외모가 마음에 들지 않아서 고민이라면, 한번 곰곰이 생각해 봐. 정말 모든 부위가 다 별로인지. 마음에 드는 부위가 정말 하나도 없는지 말이야. 나는 키가 154cm라서 성인 평균 신장에 비해서 작고, 머리숱이 적어서 헤어스타일을 바꿀 때마다 고민이 많아. 그런데 눈동자가 갈색이라서 '눈 색깔이

참 오묘하고 특이하다'라는 이야기를 많이 들어. 가만히 들여다 보니 내가 봐도 참 괜찮은 거야. 자신의 몸을 구석구석 살펴보면서 남들에게는 없는 '고유한 특징'을 찾아봤으면 해. 고유성은 누구와도 비교할 수 없는 나만의 멋이니까.

내가 가장 빛나는 순간 찾기

무엇을 할 때 제일 신이 나니? 더 많이 알고 싶고, 더 오래 하고 싶은 활동이 있니? 축구 경기를 하면서 땀 흘리는 순간이 좋으면, 어떻게 하면 공을 더 잘 찰 수 있을까를 고민하게 돼. 조각이나 회화로 무언가를 창작하는 걸 좋아하면, 어떻게 하면 더 잘 표현할 수 있을까를 고민하게 되지. 자신이 좋아하는 일이 무언지 알고, 그 일에 시간을 쏟으면 자연스럽게 자신감이 생기고, 외모에 대한 집착에서 벗어날 수 있을 거야.

내 몸을 있는 그대로 바라보기

더도 말고 덜도 말고 있는 그대로만 보는 거야. 애써 꾸밀 필요도 없고, 애써 위로하지 않아도 돼. 그냥 있는 그대로 바라보자. 거울 앞에서 그 안에 있는 너를 봐봐. 두 눈, 코, 입술, 피부, 팔과

다리. 하나씩 살펴보면서 말을 걸어봐. 눈은 하루 종일 여기저기를 쳐다봤을 거야. 책도 보고 유튜브도 보고 풍경도 봤겠지. 눈의 모양이 아니라 '존재하는 이유'를 생각해 봐. 입은 하루 종일 쫑알대고 음식을 먹고 하품을 하지. 입의 모양이 아니라 '어떤 기능을 하는지'를 생각해 봐.

　네 몸은 구석구석 하나하나 다 소중해. 어떻게 보이기 때문이 아니라 각자 제 기능을 하니까 소중한 거야. 평상시에는 그게 얼마나 소중한지 모를 수 있어. 혹시 다리를 삐끗해서 석고 붕대를 해 본 적 있니? 걷기 불편해지면 '두 발로 균형을 맞추어 걸을 수 있는' 모습이 얼마나 고마운지 새삼 느끼게 되지.

　　'다리가 두꺼운지, 얇은지가 대수냐, 제발 두 발로 편하게 걸을 수만 있다면…'

진심으로 바라게 될걸?

　네 몸을 소중히 여겼으면 해. 누군가의 칭찬을 기다리는 몸이 아니라 스스로 고마움을 느끼는 몸이었으면 해. 몸의 각 부위가 세 기능을 하고 있다는 사실만으로도 있는 그대로도 충분히 고맙고 소중한 몸을 말이야.

스스로에게 다정한 말 건네기

"너는 살만 빼면 예쁠 텐데…."
"너는 코만 좀 높으면 봐줄 만한데…."

이런 식으로 내 외모에 대해 오지랖을 부리는 사람이 있다면, 일단 거리를 두는 게 좋아. 그게 여의치 않다면 그 사람이 말할 때 딴생각을 하면서 흘려듣는 거야. 그런 외모에 대한 지적은 내 자존감을 깎아내리거든.

혹은 그런 말을 들었을 때 무조건 받아들이지 말고 잠깐 멈춰서 판단해 보는 거야. 누군가 내게 '너 종아리 완전 두꺼워'라고 말했다면 속으로 이렇게 생각하는 거지.

'네 생각에는 내 종아리가 두껍다는 거구나. 그게 사실인지는 모르겠지만, 네 생각은 그렇다는 거겠지. 하지만 난 그렇게 생각하지 않아.'

결국 외모 자존감을 최종적으로 결정하는 사람은 나 자신이야. 남들이 나에게 어떤 말을 하더라도 내가 나에게 다정한 말을 건넬 수 있다면 자존감은 온전하지. 명심해. 자존감은 다른 사람이 아니라 '내가 나에게 건네는 손짓'이라는 것을.

　외모 중독에서 하루아침에 벗어날 순 없어. 하지만 조금씩 꾸준히 실천하다 보면 어느 순간 거울 속의 나를 있는 그대로 인정할 수 있는 날이 올 거야. 가장 중요한 것은 나 자신을 믿고, 내가 가진 가치를 알아주는 거야. 완벽하지 않아도 괜찮아. 있는 그대로의 내가 충분히 소중하다는 걸 잊지 말자.

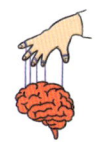

후회와 자책을 반복하는 선재

나는 요즘 부쩍 고민이 많아졌어. 학교에서 시키는 대로 열심히 하고는 있는데, 정작 이런 생각이 자꾸 들어.

'내가 왜 이걸 하고 있지?'

공부를 하고 싶지는 않은데 계속 앉아 있어야 하니까 갑갑하고 짜증이 나. 이루고 싶은 꿈도 딱히 없고, 공부도 잘 안 되니까 하루하루 너무 답답해. 그러다 어느 날, 학원 쉬는 시간에 잠깐 밖에 나갔는데, 친구가 담배를 피우고 있었어. 그 친구랑 눈이 마주쳤지.

"너도 한 대 피울래?"

그냥 호기심이 들었어. 처음에는 몇 번 콜록거렸는데 조금 참으니까 괜찮더라고. 담배를 피우고 몇 분 지나니까 이상하게 마음이 차분해지고 머리가 맑아지는 것 같았어. 담배 연기를 길게 내뱉는 게 재밌기도 하고 뭔가 멋있어 보였지.

그 뒤로 계속 담배를 피웠어. 화가 나거나 짜증이 날 때, 혹은 시험을 망쳤을 때도, 담배 한 대 피우고 나면 괜찮아지는 느낌이 들었어. 하지만 시간이 지날수록 더 자주, 더 많이 피우게 됐어. 처음에는 하루에 한 개비 정도였는데, 점점 늘어나서 쉬는 시간마다 한 개비씩 피우게 됐지. 학원 가는 길에도, 학교 끝난 뒤에도, 심지어 새벽에도 몰래 밖에 나가 담배를 피웠어. 부모님 몰래 베란다에서 피우면서 들킬까 봐 조마조마했던 순간도 있었지.

불안함이 커져만 갔어

물론 담배가 몸에 좋지 않다는 건 알아. 체력이 안 좋아지는 게 느껴지거든. 전에는 몇 시간 동안 축구를 해도 끄떡없었는데, 이제는 운동장을 한 바퀴만 뛰어도 숨이 차고 기침이 나.

"너 왜 이렇게 숨차 하냐? 할아버지야?"

체육 시간에 친구들이 농담처럼 말했을 때, 아무렇지 않은 척 웃어넘겼지만 속으로는 불안했어. 내 몸이 이상해지는 걸 나도 잘 알고 있으니까.

그리고 무엇보다 담배 냄새가 문제였어. 옷에 밴 냄새 때문에 가족들이

의심할까 봐 세탁기를 몰래 돌린 적도 있고, 교복을 자주 바꿔 입으려다 빨래가 쌓이는 걸 보고 엄마가 이상하게 여긴 적도 있어. 지하철이나 버스를 탈 때도 사람들이 가까이 오면 괜히 위축됐지. 친구들이 힐끗 쳐다보는 것도 거슬렸고.

"요즘 담배 피우는 학생들이 늘었어."

학교 선생님이 이렇게 말할 때면 가슴이 철렁 내려앉았어.

후회하고 자책하고

고민 끝에 이제 정말 담배를 끊어야겠다고 결심했어. 체력도 걱정됐고, 부모님한테 들킬까 봐 마음이 조마조마한 것도 지긋지긋했거든. 그런데 금연이 너무 어려운 거야. 하루 정도는 참을 수 있었는데, 그다음 날부터는 손이 근질거렸어. 집중도 안 되고 머릿속에는 온통 담배 생각뿐이었지.

'한 번만 더 피우고 끊자.'

핑계를 대면서 다시 담뱃불을 붙였어. 그러고 나면 후회와 자책이 밀려왔지.

그러던 어느 날, 쉬는 시간에 화장실에서 몰래 담배를 피우다가 결국 선생님한테 들키고 말았어. 선생님은 심각한 얼굴로 부모님께 연락하겠다고 했지. 그 순간 머릿속이 새하얘졌어.

'이제 끝났구나.'

내게 실망한 엄마의 잔소리, 아빠의 무거운 한숨이 들리는 것 같았어. 도대체 어디서부터 잘못된 걸까? 마음이 무거워. 처음엔 단순한 호기심이었는데, 이제는 담배를 끊고 싶어도 끊을 수 없게 된 건가? 체력은 계속 나빠지고 부모님은 내게 실망하고, 친구들도 다 떠나는 것 아닐까? 마음이 복잡해졌어.

금연이 어려운 이유

선재도 처음에는 그냥 호기심으로 한두 개비를 피웠을 거야. 친구가 피우니까 나도 한 번, 멋있어 보여서 또 한 번.

> "너도 한번 피워볼래?"
> "그럴까?"

머리를 식히기 위해, 기분을 전환하려고, 대부분 그렇게 시작해. 하지만 그런 '한 번'이 반복되면서 뇌와 몸은 엄청나게 달라져버려. 자신도 모르는 사이에 어느 순간부터는 담배 없이는 못 버티는 상황이 되고, 금연을 결심해도 쉽게 끊을 수 없게 돼. 왜 이렇게 어려운 걸까?

신체적 의존 : 몸이 니코틴에 길들여진다

담배 연기에는 타르를 포함한 독성 화학 물질 4천여 가지와 발암 물질 40여 가지가 들어 있어. 그중 가장 중독성이 강한 물질이 '니코틴'이야. 니코틴은 뇌를 자극해서 '도파민'이라는 행복 물질을 분비시키고, 기분을 좋게 만들어. 니코틴이 뇌에 도달하기까지 10초도 걸리지 않으니 즉각적으로 효과가 나타난다고 볼 수 있지. 문제는 이 효과가 오래가지 않는다는 거야. 보통 20~30분 뒤에는 다시 기분이 가라앉고, 또다시 담배를 찾게 되지.

이런 행동이 반복되면 뇌가 달라져. 처음에 담배 한 개비를 피웠을 때 느끼는 쾌감을 10이라고 해 볼게. 담배를 계속 피우면 뇌는 그 상태에 익숙해져서 쾌감을 느끼는 정도가 떨어져. 그걸 '내성이 생긴다'라고 표현해. 처음처럼 쾌감을 느끼려면

담배를 더 많이 피워야 하지.

심지어 담배를 피우지 못하면 초조해지고 집중이 안 되고 짜증이 치밀어 오르기도 해. 이게 바로 '금단 증상'이야. 심하면 손이 떨리고 호흡이 불안정해지기도 하지. 이런 상태가 불쾌하고 힘드니까 결국 다시 담배를 피우게 되고, 그렇게 중독이 심해지는 거야. 중독이 심해지면 '내가 원해서'가 아니라 '없으면 안 되니까' 담배를 피우게 돼. 마음의 주인이 되어 행동을 선택하는게 아니라, 어쩔 수 없이 끌려가는 거야.

심리적 의존 : 습관이 된다

어떤 행동을 반복하다 보면 나중에는 그 행동을 '저절로' 하게돼. 공부하다가 집중이 안 될 때 담배를 피우는 행동이 반복되면 착각하게 돼.

'담배를 피워야 스트레스가 풀리는구나.'
'담배가 기분을 풀어주는구나.'

심리적으로 의존하게 되는 거야. 그러다 보면 화가 나거나 긴장이 될 때, 조금이라도 불편감이 생기면 담배를 찾게 되지.

혹은 친구들과 신나게 운동 경기를 하고 나서, 매운 음식을 먹고 난 다음에, 자기도 모르게 '왠지 그래야 할 것 같아서' 담배를 찾기도 해.

주변 환경 영향 : 친구들과의 관계

주변 친구들이 계속 담배를 권하는 분위기라면 혼자서 아무리 독하게 마음먹어도 금연을 유지하기 어려울 거야. 쉬는 시간에 바람이나 쐬려고 나갔는데 친구들이 담배를 피우고 있으면 마음이 흔들리겠지? 담배를 피우지 않으면 친구들이랑 어울리지 못할까 봐 불안할 수도 있어. 그런 두려움 때문에 어쩔 수 없이 담배를 피우는 경우도 있거든. 하지만 걱정하지 마. 오히려 담배를 끊으면 사귈 수 있는 친구들이 더욱 많아질 거야.

반복적 실패로 인한 좌절감

'금연해야겠다!'

다짐하고 시도하지만 하루를 못 넘기고는 의지가 꺾이는 경우가 많아. 반복해서 실패하면 좌절하게 되고 결국 금연을 포기하게 돼.

'난 의지가 약한가 봐.'
'어차피 안 되나 보다.'

그렇지만 어려운 게 당연해. 담배라는 물질은 '강도'가 아니라 '빈도' 때문에 중독성이 심해지거든. 무슨 말이냐면, 여러 번 반복하면서 습관으로 자리 잡았기 때문에 갑자기 바꾸기 어렵다는 뜻이야. 그 어려움을 인정해야 해. 몇 번의 시도로 바꾸긴 어려울 수 있어. 하지만 한 번의 실패가 영원한 실패는 아니야.

청소년 흡연이
특히 위험한 이유

남녀노소를 불문하고 담배는 모두에게 해로워. 하지만 청소년기 흡연은 더 위험해. 어른들이 그냥 겁주려고 하는 말이 아니야. 청소년기는 몸이 자라는 중요한 시기라서, 담배가 더 지속적이고 치명적으로 영향을 미치거든.

뇌가 완전히 성장하지 않았어

게임에서 캐릭터는 레벨 업을 하면서 점점 강해지지? 뇌도 비슷해. 태어날 때부터 20대 중반까지 계속 성장하고 발달해. 뇌의 여러 영역 중에 '전두엽'이라는 부위가 있어. 전두엽은 '판단력'과 '충동 조절'을 담당하는데, 청소년기에 급격히 성장해서 보통 25세 전후에 완전히 발달한다고 알려져 있어.

이 중요한 시기에 담배를 많이 피우면 어떻게 될까? 전두엽이 더디게 발달하고, 충동 조절이 어려워지겠지? 미래를 예측하는 능력이나 판단력이 부족해질 수 있어. 예를 들어 시험기간에 '공부할까, 게임할까' 갈팡질팡하다가 '공부해야 하는데…' 하면서도 결국 게임을 하게 되는 일이 많아지는 거야. 전두엽이 더디게 발달하거나 제대로 발달하지 못하면, 성인기 이후에도 담배 중독에서 벗어나기가 훨씬 어려워져.

키가 안 클 수도 있어

청소년기는 키가 쑥쑥 크는 시기야. 개인차는 있겠지만 대부분 뼈가 자라고 근육이 늘지. 이런 성장 발달 과정에서 반드시 필요한 요소는 바로 '산소'야. 혈액 속에 있는 헤모글로빈이 몸 구석구석 산소를 운반해서 세포가 원활하게 성장하도록 도와주거든.

그런데 담배를 피우면 각종 유해 성분이 헤모글로빈과 산소 결합을 방해해. 키가 자라는 데 필요한 영양분이 몸 구석구석 충분히 전달되지 못하는 거야. 키가 성장하는 속도가 느려질 수도 있고, 운동을 해도 예전보다 쉽게 지치고 몸이 무거워지는 느낌이 들 수도 있어.

면역력이 약해져서 감기에 더 자주 걸려

우리 몸에는 세균이나 바이러스를 막아주는 면역 시스템이 있어. 담배를 피우면 이 면역 시스템이 약해져서 감기나 독감 같은 질병에 자주 걸리게 돼. 면역력이 약해지면 상처가 잘 낫지 않고 입병이나 피부 트러블도 자주 생겨. 감기에 걸려도 남들보다 오래가고, 심하면 병원 신세를 질 수도 있어.

전자담배도 안전하지 않다

혹시 전자담배라고 들어봤니? 청소년이 액상형 전자담배를 사용하는 비율은 2024년 기준으로 3.0%로, 전년도에 비해서는 조금 감소했지만, 지난 10년간 오르락내리락하고 있어.▶ 전자담배는 여러 가지 맛과 향이 있어서 '오늘은 어떤 맛을 피워볼까?' 하면서 즐기기도 하는 것 같아. 궐련초에서 나는 냄새를 감추기 위해서 피우기도 하고 말이야. 그런데 전자담배 역시 담배 사업법에 따라 엄연한 담배 종류 중 하나야. 이번 기회에 전자담배에 대해 제대로 알아보자.

전자담배는 전자 기기로 담뱃잎을 가열해서 발생하는 증기를 흡입하는 신종 담배야. 카트리지에 포함된 액상의 주성분은 프로필렌글리콜propylene glycol과 니코틴인데, 장기간 흡입했을 때 인체 유해성과 안전성에 대한 검증이 아직 미흡해. 여러 복합적인 물질까지 섞여 있으니 몸에 흡수되어 어떤 식으로 영향을 미칠지 세세히 알지 못하지.

무엇보다 전자담배는 금연에 도움이 되지 않아. 전자담배는 1회 흡연 시 정해진 니코틴 흡입량이 없기 때문에 오히려 중독을 악화시킬 수 있어. 일부 매체나 담배 회사에서 전자담배를 덜 해롭다고 홍보하기도 하는데, 그렇지 않아. 전자담배 성분을 조사한 결과 포름알데히드, 아세트알데히드 등 발암 물질과 독성 화학 물질이 검출되었을 뿐만 아니라, 잠재적인 위험성도 여전히 존재해.

간혹 전자담배가 금연 보조제로 소개되어 모든 전자담배가 안전한 것처럼 오해하기도 해. 그런데 전자식 금연 보조제는 니코틴이 포함되어 있지 않은 제품이야. '전자식 금연 보조제'와 '전자식 담배 대용품'을 헷갈리지 않도록 조심해야 해. 전자식 금연 보조제로 허가받은 제품인지를 확인하려면, 식품의약품안전처 '의약품안전나라' 사이트에서 조회해 볼 수 있어.

시작하지 않는 것이 최고의 금연 방법

그렇다면 담배 의존도를 줄이기 위해 어떻게 해야 할까? 사실 제일 좋은 방법은 처음부터 시작하지 않는 거야. 흡연은 한번 습관이 되면 개미지옥에 빠진 개미처럼 정말 빠져나오기 힘들 거든. 중독성이 심할뿐더러 청소년기 뇌 발달에 치명적인 영향을 주니 여러 피해가 많아. 만약 호기심에 한두 번 경험해 보았다면 더는 반복하지 않도록 조심해야 해. 일정한 상황에서 반복적으로 흡연하여 점점 습관이 되기 전에 금연을 시작하는 게 좋아.

청소년 흡연 행동 형성 단계

담배와 이별하는 6가지 방법

자, 습관적으로 피우던 담배를 '이제 그만 끊어야겠다'라고 마음먹었다면 단순히 결심하는 것만으로는 부족해. 2022년 질병관리청 국민건강영양조사 결과에 따르면, 현재 흡연자 중 금연할 의지가 있는 흡연자가 급격히 감소하고 있다고 해. 금연 시도율은 2016년 57.7%에서 2022년 46.6%로 감소했고, 1개월 이내에 금연할 비율 역시 2016년 21.2%에서 2022년 14.9%로 떨어졌어. ▶ 대부분 담배가 해롭다고 생각하지만 당장 금연을 실천하려는 의지는 부족하다는 거지. 그래서 '금연 의지'가 실제 결과로 이어지도록, 금연 계획을 구체적으로 세우고 주변의 도움을 적극적으로 받아서 함께 해나갈 필요가 있어.

나만의 금연 이유 만들기 : 목표 설정

담배를 끊어야겠다고 마음먹었던 계기가 있니? 금연을 하면 뭐가 좋을 것 같니? 금연을 마음먹은 이유와 목표를 구체적으로 생각해 봐. 금연 목표를 메모지에 써서 잘 보이는 곳에 붙여 두거나 핸드폰 바탕화면에 표시해 두자. 담배를 피우고 싶은 순간이 찾아올 때마다 보면서 마음을 다잡을 수 있을 거야.

금연 동기 예시

내적 동기	외적 동기
꿈을 이루고 싶어서	부모님이 원해서
건강을 해치고 싶지 않아서	돈이 많이 들어서
축구를 잘하고 싶어서	학교 규칙 위반이라서

구체적인 보상 그려보기

담배를 끊으면 어떤 점이 좋을까? 어떤 보상이 있을지 생각해보고, 그것의 값어치를 매겨보자. 예를 들어서 '건강'이라는 보상이 있을 거야. 담배를 평생 피우다 보면 여러 질환을 앓을 수 있어. 건강을 잃으면 꿈을 포기해야 하는 순간이 올지도 몰라. 금연했을 때 얻게 될 것들에 금전적 가치를 매겨보면, 아마 몇천만 원 혹은 몇억 원 정도 되지 않을까?

가족 및 친구에게 금연 알리기

가족이나 주변 친구에게 금연을 선언하고 언제부터 시작하는지 알려줘. 주변으로부터 응원받으면 의지가 강해지거든. 특히 흡연하는 친구들이 있다면 미리 부탁하자.

혹은 담배를 피우는 친구와 함께 시작해도 좋아. '금연 마라톤'이라는 이름을 붙이고 서로의 페이스메이커가 되어주는 거지.

주변 환경 정리하기

방이나 가방에 남아 있는 담배, 라이터 등 흡연 관련 물품을 치우도록 하자. 담배 냄새가 배어 있는 옷이나 이불을 세탁하고, 치아 스케일링을 해서 구강을 관리해 봐.

대체 행동 찾기

흡연 습관을 바꾸는 게 중요해. 아침에 일어나자마자 담배 생각이 난다면, 시원한 물 한 잔을 먹거나 목욕을 하는 등 다른 행동으로 대체해 봐. 무가당 껌을 씹거나 사탕을 입에 무는 방법도 있어. 바로 할 수 있는 가벼운 운동 루틴을 만들어서 짬짬이 하는 것도 좋아.

스트레스 관리하기

금연 과정에서 제일 중요한 건 '스트레스 관리'야. 적당한 스트

레스는 괜찮지만 '감당하기 힘들 만큼' 과도한 스트레스는 피하는 게 좋아. 좋아하는 음악을 듣거나 그림 그리기, 글쓰기, 자전거 타기, 달리기 등 취미 활동을 만들어보는 것도 좋지. 하루 한 가지씩 '나를 위한 선물'을 해줘. 물건이 아니라 시간을 만드는 거야. 좋아하는 친구와 수다 떨기, 보드게임 하기, 여행 동영상 찾아보기 등 잠깐이라도 '행복하고 편안한 순간'을 소소하게 만

들어가는 건 어떨까. 충분한 휴식을 취하거나 수분을 섭취하는 행동, 혹은 심호흡이나 명상, 가벼운 운동도 좋아. 과식하지 않거나 긍정적인 생각을 하는 것도 도움이 돼.

'일주일만 참아보자'는 마음으로

담배를 피우지 않아서 몸속에 니코틴 공급이 중단되면 여러 가지 금단 증상이 나타나. 보통 금연한 뒤 첫 3일에서 일주일 사이가 제일 힘들다고 해. 니코틴 의존 상태에서 벗어나려고 몸이 적응하는 과정에 있기 때문이야.

이때는 담배 욕구가 더욱 강렬해져. 혈액 속 니코틴 농도가 빠르게 줄어들면서 몸이 이를 보충하려고 담배를 강렬하게 원하게 되는 거야. 하지만 이러한 갈망craving은 보통 3~5분 정도면 사라져. 그러니까 딱 5분만 견뎌보자. 물을 마시거나 심호흡을 하거나, 어려운 큐브를 맞추는 등 관심을 다른 데로 돌려봐.

또한 예민해지고 짜증이 많아져. 괜히 불안하고 머리가 아프기도 하지. 기분 조절에 관여하는 도파민 분비가 줄어들면서 나타나는 증상이야. 몸이 새로운 변화에 적응하는 과정이니 달리기, 산책, 가벼운 게임 등 즐거움을 주는 다른 대체 활동을 시도해 보는 거야.

그리고 마음이 오락가락하고 일상이 흔들리는 느낌을 받기도 해. 스트레스 상황에서 담배를 찾던 습관이 남아 있어서 그런 거야. 새로운 습관을 만들려면 예전의 습관을 놓아야 하니까 일시적으로 불안해지는 거지. 건강한 목소리로 마음을 다잡아 보자.

마음을 다잡는 목소리

예전 목소리	건강한 목소리
"이미 담배를 시작했으니 어차피 늦었어. 난 원래 그래."	"건강이 제일 중요해. 늦은 건 없어. 지금부터 시작하면 될 거야."
"한 번 사는 인생인데, 이것도 못 하면 억울하지 않겠어?"	"금연하면 더 신나는 일을 자유롭게 할 수 있을 거야. 유럽 배낭여행, 에베레스트산 등반, 마라톤, 파일럿, 축구 선수 등 도전하고 싶은 게 많다고."
"짜증 날 때는 담배만 한 게 없어. 답답한 학교생활을 견디게 해주는 유일한 탈출구인걸."	"니코틴 효과는 잠시뿐이야. 더 큰 고통이 따라오잖아. 스트레스는 약물로 해결되지 않아."
"담배를 피워야 공부가 잘되는 것 같아."	"잠깐 그렇게 느낄 뿐이야. 장기적으로는 뇌가 더 둔해지고 기능이 떨어져."
"오늘까지만 피우고 내일부터 진짜 끊을 거야."	"내일로 미루다 보면 금연은 어려워져. 지금 바로 시작하는 게 맞아."

담배를 피우면 잠깐은 기분이 좋을지 몰라. 하지만 아주 잠시일 뿐, 결국은 우리 몸과 마음에 상처가 깊게 남아. 건강을 해치고 꿈을 멀어지게 하고 소중한 관계를 망치지. 너한테 진짜 소중한 게 무엇인지 생각해 보았으면 해.

마음이 괴롭고 힘들 때 '어떻게 대처하느냐'에 따라 많은 부분이 달라져. 고통이 찾아오는 건 피할 수 없어도 고통에 어떻게 대처할지는 우리가 선택할 수 있어. 자신이 소중하게 여기는 것들이 다치지 않게, 자신을 돌보기 위한 선택을 했으면 해.

전문가에게 도움받으면 금연 성공률이 3배나 높아진대

혼자 금연을 결심하면 유혹 앞에서 무너지기 쉬워. 제대로 된 정보를 바탕으로 상담과 금연 치료제 등을 병행하면 금연 성공률이 3배 높아진다고 해.▶ 흡연 습관, 흡연 시간대, 스트레스 요인 등을 파악해서 맞춤형 금연 계획을 세우고, 상담을 통해 심리적으로 지지받으면서 함께 해나가는 거야.

체계적으로 도움받을 수 있는 방법을 몇 가지 알려줄게. 우선 가까운 보건소에 가면 '금연 클리닉'이 있어. 6개월 동안 9회 이상 금연 상담을 하면서 실천 의지를 다질 수 있고, 니코틴 대체제, 도파민 제제 등 검증된 금연 보조제를 지원받을 수 있어.

간편하게 금연상담전화(1544-9030)를 이용할 수도 있어. 전문 상담사와 일대일 전화 상담이 기본인데, 필요한 경우에는 문자 메시지(SMS), 이메일, 채팅 상담 서비스도 가능해. '금연길라잡이', '금연두드림' 등 온라인 서비스를 이용해 보는 것도 좋아. 금연 필요성, 맞춤형 금연 전략, 성공 노하우 등 금연에 대한 여러 정보를 얻을 수 있을 거야.

도움 기관	내용
보건소 금연 클리닉	• 6개월 9회 상담 서비스 제공 • 대면(내방, 출장), 비대면(전화, 영상) • 금연 프로그램(행동 요법, 약물 요법) 제공 • 찾아가는 금연 클리닉(이동 금연 클리닉) 운영

금연상담전화
(1544-9030)
	• 대상자(성인 남성, 여성, 청소년)별, 금연 취약
	  계층(감정노동자, 임산부 등)별 맞춤형 상담
	  프로그램 제공
	• 일대일 전화 상담(필요 시 문자, 이메일, 채팅 상담
	  가능)
	• 지침서 및 금연 툴킷toolkit(행동 강화 물품)
	  우편 제공
	• 이용 시간 : 평일 9시~22시, 주말 및 공휴일
	  9시~18시

국민건강보험공단
병·의원 금연 치료
	• 연 최대 3번까지 금연 치료 가능
	• 8~12주 프로그램 제공(금연 상담, 금연 치료
	  의약품 등)
	• 프로그램 최종 이수 시 인센티브(1~2회에
	  본인이 부담한 비용 100% 환급) 제공
	• 금연 치료 의료 기관 찾기

지역 금연지원센터 집중 치료형 금연 캠프	• 집중 치료형 단기 금연 캠프 프로그램 • 전국 17개 지역 금연지원센터 운영
온라인 금연 지원 서비스	• 금연길라잡이 • 국가금연지원센터(온라인금연교육센터, 금연두드림 등)

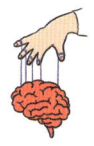

집착과 우정 사이에서 괴로운 민지

내게는 정말 친한 친구, 수연이가 있어. 우리는 거의 매일 붙어 다녀. 점심시간, 쉬는 시간은 물론이고, 학원도 같이 다니지. 그런데 어느 날 수연이가 먼저 가버렸어.

"오늘은 다른 애들이랑 약속이 있어서 먼저 갈게!"

처음에는 그럴 수도 있겠다 싶어 넘겼는데, 시간이 지날수록 마음이 이상해졌어.

'이제 나랑 노는 게 지겨운 걸까? 혹시 나보다 다른 친구를 더 좋아하게 된 건 아닐까?'

그때부터 수연이의 말투, 표정 하나하나가 계속 신경 쓰이기 시작했어.

쉬는 시간에 말을 걸었을 때 수연이가 무심하게 답하면 하루 종일 생각났고, 수연이가 다른 친구랑 웃고 있으면 괜히 질투가 나고 속상했어.

그날 밤도 휴대폰만 바라보며 한참 고민했어.

'내가 먼저 연락할까? 너무 집착하는 것처럼 보이면 어쩌지?'

결국 참지 못하고 구구절절 긴 메시지를 보냈지.

"오늘 학원에도 안 왔던데, 학교 끝나고 뭐 했어? 학원 샘이 너 찾던데

숙제가 뭔지 궁금하지 않아? 지금 뭐 해?"

수연이는 짧게 답했어.

"나 그냥 친구들이랑 놀았어."

그걸 보는 순간 다시 불안해졌어. 이렇게 성의 없는 답장이라니.

나만 매달리는 거 같아

그 뒤로 나는 수연이에게 더 잘해 주려고 애썼어. 체육복도 대신 챙겨주고, 좋아하는 가수 콘서트 티켓팅을 해주느라 밤을 새기도 했지. 그렇게까지 했는데도 마음은 점점 더 허전해졌어.

'왜 나는 계속 이렇게 매달리는 걸까? 수연이가 나를 소중하게 생각하고는 있을까?'

요즘 들어 나만 너무 매달리는 것 같아. 항상 먼저 연락하고, 수연이가 필요한 건 다 들어주고. 내가 연락하지 않으면, 수연이는 과연 내게 먼저 연락할까? 내가 연락하지 않으면 이 관계가 유지될까?

수연이가 다른 친구들과 친해지는 걸 보면 속상해. 둘만 공유하던 장난을 다른 친구들과도 한다고 생각하면 뭔가 빼앗긴 것 같은 기분이 들어. 버림받은 기분. 그런데 이런 감정을 솔직하게 말하면 수연이가 나를 부담스러워할 것 같아서, 아무 말도 못하고 혼자 끙끙 앓고 있어.

결국 나는 수연이한테 더 매달리게 됐어. 수연이가 필요할 때마다 달려

갔고 작은 부탁도 다 들어줬지. 하지만… 그럴수록 마음은 더 불안해졌어.

'이렇게까지 해야만 친구 사이가 유지되는 걸까?'

'나만 너무 애쓰는 건 아닐까?'

이런 생각이 머릿속을 맴돌았지만, 수연이를 잃는 게 두려워서 멈출 수가 없어.

십 대, 관계 형성이 중요한 이유

청소년기에 관계가 중요한 이유는 단순히 '친구가 필요해서'가 아니야. 이 시기는 '내가 누구인지'를 알아가는 중요한 때이고, 그 과정에서 친구들과의 관계가 아주 중요하기 때문이지.

청소년기는 '의존해서 사랑받던' 아동기에서 '독립적인' 성인으로 넘어가는 과도기야. 독립적인 성인이 된다는 건 '스스로 자신을 위로하고 책임지는' 사람이 된다는 거야. 그러려면 '내가 누구인지'를 알아야 해. 내가 무엇을 좋아하고 어떤 사람이 되고 싶은지를 계속 고민하고 답을 알아가려 애쓰지. 이런 걸 '자아 정체성 확립'이라고 해.

물론 혼자 고민해서 '나는 이런 사람이야' 하고 깨닫기도 해. 하지만 우리는 관계 속에서 더 명확하게 나를 알게 돼. 가령 동아리에서 리더 역할을 맡으면서 이렇게 느낄 수 있어.

'나는 앞장서서 이끄는 걸 좋아하는 사람이구나.'

친구들과 토론하다가 내 의견을 강하게 주장하면서 알게 되기도 하지.

'나는 내 생각을 논리적으로 표현하는 걸 좋아하는구나.'

친구들의 고민을 들어주고 해결해 주면서 나 자신을 새롭게 발견하기도 해.

'나는 누군가를 돕는 걸 즐기는 사람이구나.'

이처럼 관계 속에서 성장하고, 그 안에서 '내가 누구인지'를 찾아가기 때문에 청소년기에 '관계'는 무척 중요해. 특히, 또래 친구들과의 관계는 자아 정체성 형성에 직접적인 영향을 줘. 친구들과 어울리면서 소속감을 느끼고, 그 안에서 심리적인 안정감을 얻을 수 있어. 예를 들어 반 친구들이 나를 모둠 과제에서 꼭 필요한 사람이라고 인정해 주면, 자신감을 갖게 될 거야.

'나는 모둠에서 중요한 역할을 할 수 있는 사람이야!'

하지만 관계에 지나치게 의존하면, 타인의 시선에 따라 나를 정의하게 되고, 결국 '진짜 나'를 잃을 수도 있어. 친구가 갑자기 나를 피하는 것 같으면 필요 이상으로 불안해지지.

'내가 뭘 잘못한 걸까?'

혹은 친구가 좋아하는 옷 스타일을 따라 하느라 정작 내가 뭘 좋아하는지 모르게 되기도 해. 또 친구들에게 잘 보이기 위해 원하지 않는 행동을 하기도 해. 흡연이나 음주를 따라 하거나, 따돌림에 동조하는 경우도 있지.

중요한 건 관계 속에서 나를 찾되, 나의 가치와 개성을 잃지 않는 거야. 친구와의 관계는 소중하지만, 그 관계가 내 존재의 전부는 아니거든. 내 감정과 생각을 먼저 살피는 연습이 필요해.

관계 중독은 어떤 걸까

혹시 민지와 같은 고민을 해 본 적 있니? 민지는 친구 관계에 너무 많은 에너지를 쓰다가 마음이 지쳐버린 것 같아. 관계를 소중히 여기는 건 중요해. 그런데 그 마음이 지나치면 '내가 원하는 것'보다 '상대방이 원하는 것'이 무엇인지를 더 많이 생각하

관계 중독
'관계 중독'이라는 용어는 의학적으로 정의되거나 정신의학 진단 기준에 포함된 용어는 아니다. 주로 심리학이나 자기 개발 분야에서 사용하는 비공식적 용어다. 비슷한 개념으로 '애착 불안', '공존 의존', '회피형 애착', '관계 강박' 등이 있다.

게 돼. 이런 상태가 지속되면 자신이 진짜 무엇을 원하는지는 희미해지고 상대에게 맞추는 일이 우선이 되지.

이런 상태를 '관계 중독'이라고 해. 관계에 지나치게 의존해서 자신의 감정이나 행동을 조절하지 못하는 상태를 말해. 관계 중독에 빠지면 친구나 연인, 가족 등 어떤 특정한 사람에게 너무 매달린 나머지, 그 사람 없이 혼자 있으면 불안하거나 공허해져.

관계 중독에 빠진 사람의 감정은 상대방의 반응에 따라 영향

을 많이 받아. 상대방이 기분이 좋으면 나도 행복하고, 상대방이 나한테 서운해하면 나를 탓하게 되지.

결국 상대방이 나를 어떻게 대하느냐에 따라 내 감정이 오락가락하게 돼. 관계 중독에 빠지면 어떤 모습을 보이는지 자세히 알아보자. 읽으면서 '자신은 어떤지' 짚어보았으면 해.

내 감정보다 상대방이 더 중요해져

관계 중독에 빠지면 내가 어떻게 느끼는지보다 상대방이 나를 어떻게 생각하는지가 더 중요해져.

"야, 너랑 있으면 재미없어."

친구가 이렇게 말하면 진짜 내가 재미없는 사람이 된 것처럼 느껴지는 거야.

혼자 있는 시간이 불안하고 힘들어

누구나 가끔 혼자가 되는 순간이 있어. 신학기에 반이 새로 배정되었는데 친한 친구가 없어서 며칠간 혼자 지내야 할 수도 있고, 쉬는 시간인데 딱히 할 일이 없어서 덩그러니 혼자 있는 날도 있을 거야. 그런데 관계 중독에 빠지면 어쩌다 혼자가 되는 시간마저도 힘들어져. 친구가 없으면 자신이 괜히 무가치한 사람처럼 느껴지고 '외톨이'가 된 것 같거든. 그래서 억지로라도 친구를 사귀려고 하거나 필요 이상으로 친구에게 매달리게 돼.

부탁을 거절하기가 어려워

누군가의 부탁을 받았을 때 들어줄 수 없는 상황인데도 거절하기가 어려워. 왠지 미안하고 거절하면 관계가 틀어질까 봐 걱정되지. 때로는 자신을 희생하면서까지 무리해서 부탁을 들어주려고 해. 그러다 보면 상대방은 나를 '뭐든 들어주는 사람, 만만한 사람'으로 생각하기 쉬워. 분명 관계를 위해서 부탁을 들어준 건데도 상대에게 인정받지 못하니 억울함만 쌓이게 되지.

감정이 롤러코스터처럼 변해

상대 반응에 따라 감정이 달라져. 친구가 내게 친절하면 기분이 좋아지고 조금이라도 차갑게 대하면 하루 종일 기분이 가라앉는 거야. 이렇게 내 감정이 상대방에 의해 좌지우지되면 결국 나 자신을 조절할 힘이 없어져. 감정이 불안정해지고 더 큰 스트레스가 쌓이게 마련이지.

건강한 관계를 맺기 어려워

관계 중독이 심해지면 결국 좋은 친구 관계를 유지하기 힘들어져. 상대방도 부담을 느끼거든.

'얘랑 있으면 피곤해.'

처음에는 친했던 친구도 너무 집착하면 이렇게 생각할 수 있어. 그러다 보면 관계가 점점 멀어지고, 버림받았다는 생각이 들 수 있어.

물론 누구나 한 번쯤 이런 상황에 빠질 수 있지만, 이 상태가 지속된다면 관계에서 어려움을 겪을 수 있어. 내가 맺고 있는 관계가 괜찮은지, 한번 점검해 보자.

관계 집착 체크 (3개 이상이면 관계 집착)

☐ 하루 종일 친구에게 연락하고, 답장이 늦으면 불안해.

☐ 친구가 나 말고 다른 친구랑 놀면 질투가 나.

☐ 혼자 있는 게 싫어서 일부러 약속을 많이 잡아.

☐ 친구가 내 부탁을 들어주지 않으면 나를 싫어한다는 생각이 들어.

☐ 친구가 나를 무시하는 말이나 행동을 해도 싫다고 말하지 못해.

왜 우리는 관계에 집착할까

관계에 지나치게 집착하면 힘들어진다는 걸 알 거야. 그런데 왜 우리는 특정한 사람이나 관계에 집착하게 되는 걸까? 분명 이유가 있을 거야. 마음속 깊은 곳에 있어서 쉽게 눈치채지 못할 뿐, 어떠한 이유가 있어. 그 이유를 하나씩 짚어가는 과정이 중요해.

'집착하니까 나만 힘들어. 난 대체 왜 이래.'

자신을 구박만 할 게 아니라, 나한테 어떤 이유가 있는지, 내 마음을 살펴봐야 해. 지금부터 그 이유를 하나씩 들여다보자. '왜 집착하게 되는지'를 살피면서 내 마음에 조금씩 다가가 보자.

혼자 있는 게 너무 힘들어서

사람은 사회적 존재라서 누구나 관계를 맺고 싶어 해. 하지만 때로는 '관계'보다는 '관심', 그 자체에 매달리게 돼. 친구의 관심을 끌기 위해 일부러 의미 없는 메시지를 보내기도 하고, 답장이 조금이라도 늦으면 초조해지기도 하지.

관계를 맺는다기보다는 그저 관심을 바라는 거야. 혼자 있는 게 두렵기 때문에 누군가와 연결되어 있어야만 안심이 되는 거지. 이런 불안감은 어린 시절 환경과도 관련이 있어. 어릴 때 부모님이 내게 소홀했거나 차갑게 대했다고 느끼면 '혼자'라는 생각에 마음이 슬프고 힘들거든. 그래서 그 '혼자'라는 느낌을 피하려고 몸부림치는 거야. 누군가를 계속 붙잡고 싶어지는 거야.

나의 가치를 다른 사람이 정한다고 느끼기 때문에

스스로 나 자신의 가치에 대해 어떻게 느끼니? 나의 가치를 느낀다는 말은 이런 생각과 비슷해.

> '나는 중요한 사람이야.'
> '나는 소중한 사람이야.'

스스로 자신을 가치 있게 느끼는 것을 두고 '자존감이 높다'라고 표현하기도 해.

자존감이 낮으면 자신의 가치를 다른 사람의 반응으로 확인하려고 해. 친구가 내 얘기에 관심을 가지면 기분이 좋아지고, 반대로 무관심하면 의심하는 것처럼 말이야.

'내가 별로인 사람인가?'

결국 자신의 가치를 입증하기 위해 누군가에게 계속 잘 보이려고 애쓰게 되고 그 관계에 집착하게 되는 거야.

관계를 잃는 게 너무 무서워서

소중한 사람을 잃어본 경험이 있다면 새로운 관계에서도 두려움을 느낄 수 있어. 예를 들어, 예전에 친구가 갑자기 나를 멀리

했던 경험이 있다면, 새로 사귄 친구도 나를 멀리할까 봐 더 집착하는 거야. 부모님이 이혼했거나 가족과 멀어진 경험이 있는 경우에도 누군가 떠날까 봐 불안에 떨 수 있어.

이렇게 관계가 단절되는 경험이 반복되면 항상 버려질지 모른다는 두려움이 생겨. 그래서 관계가 조금만 흔들려도 안달하고, 상대를 붙잡으려고 필사적으로 노력하게 되지. 그런데 이런 태도는 오히려 역효과를 불러올 수 있어. 상대방이 부담감을 느낄 수 있거든.

사랑과 집착을 구분하지 못해서

누군가를 너무 좋아하면 그 사람과 함께하는 시간이 너무 행복하고 헤어질 때마다 아쉬워. 이 감정은 과연 집착일까, 사랑일까?

건강한 사랑은 서로를 원하지만, 때로는 각자의 시간이 필요하다는 것도 인정할 수 있어. 어쩔 수 없는 상황이라, 상대가 곁에 없을 때도 크게 불안하지 않아. 서로에게 서운하거나 불만이 생겼을 때, 이러한 감정을 솔직하게 표현하고 받아들이면서 자신의 감정을 조절할 수 있어.

반면 집착은 어쩔 수 없는 상황이라는 걸 알면서도, 상대가 곁에 없으면 불안해서 미칠 것 같은 기분이 들어. 상대가 무조건 자신에게 맞추기를 은연중에 기대하지. 자신의 요구를 거절하거나 상대가 조금 소홀해진다 싶으면 쉽게 상처받아. 상대가 자신을 떠날까 봐, 자신을 사랑하는지 계속 확인하려는 경향이 있어.

관계에 집착하는 사람들은 상대를 '내 행복을 책임지는 존재'처럼 생각해. 하지만 어떤 사람도 내 감정을 100% 책임질 수는 없어. 행복은 결국 자기 스스로 만들어야 하는 것이니까.

감정을 스스로 조절하는 게 어려워서

우리는 누구나 다양한 감정을 경험해. 기분이 좋을 때도 있지만 슬프거나 외롭거나 화가 날 때도 있어. 이런 감정을 스스로 조절하는 방법을 잘 모르면, 다른 사람을 통해 해소하려고 해.

가령 기분이 안 좋을 때 스스로 뭔가를 하기보다는 무조건 친구를 찾아가 하소연하는 거야. 상대가 자신을 위로해 주기를 기대하는데, 때로는 위로를 얻기도 하지만 때로는 위로가 되지 않아 실망할 거야. 자신의 감정이 누군가에게 위로받지 못하면 더 크게 좌절하면서 외로워하게 돼.

나도 좋고 너도 좋은 관계 만들기

그럼 어떻게 하면 관계 속에서 나를 지키면서 건강한 관계를 유지할 수 있을까? 건강한 관계는 '나도 좋고 너도 좋은' 관계야. 너무 밀착되면 답답하고 너무 멀어지면 섭섭하잖아? 서로 안정감을 느끼면서도 각자의 공간을 존중할 수 있는 관계를 만들려면 어떻게 해야 할까?

나를 소중히 여기기

누군가와 건강한 관계를 맺으려면 먼저 나 자신을 소중히 여겨야 해. 내가 나를 존중하지 않으면 다른 사람도 나를 함부로 대할 가능성이 커. 자신을 소중히 여기는 방법을 몇 가지 알려줄게.

우선, 그때그때 느끼는 감정을 솔직하게 인정하고 표현하는 거야. 이런 식으로 말이야.

"이건 내가 좋아하는 빵이네!"

"그렇게 말하니까 나 좀 서운해."

또한 일상에서 나를 돌보는 습관을 만드는 것도 좋아. 동네를 산책하거나 자전거 타기, 그림 그리기, 웹소설 보기 등 '나를 즐겁게 해주는 활동'을 해 보는 거지. 무엇보다 자신에게 힘이 되는 말을 들려줘야 해. 실수했거나 뜻대로 되지 않았을 때도 스스로를 비난하기보다는 토닥여주는 게 좋아.

'잘하려고 애쓴 거 알아. 괜찮아.'

경계를 설정하기

모든 부탁에 '네'라고 대답할 필요는 없어. 때로는 거절도 필요하잖아. 가령 친구가 자기 숙제를 대신해 달라고 하면 단호하면서도 배려하는 태도를 담아 거절하는 게 좋아.

부탁을 거절하는 건 상대를 싫어하거나 이기적인 게 아니야. 오히려 서로 건강한 관계를 유지하기 위한 필수 요소지. 반대로 내가 상대에게 어떤 부탁을 했는데 거절당했다면, 그것 역시 '그 친구가 나를 싫어하거나 이기적이어서'라고만 볼 수 없어. 원치 않는 것을 '거절할 자유'는 내게도 있고 상대방에게도 있거든.

거절하는 방법

직접적인 거절	대안을 제시하는 거절
"미안하지만 네 숙제를 대신해 줄 수는 없어."	"도와줄 수는 있는데, 다 해줄 수는 없어. 이해 안 되는 부분이 있으면 같이 고민해 보자."

상호 존중과 신뢰 쌓기

서로 판단하는 기준이나 생각이 다를 수 있어. 건강한 관계를 맺으려면, 서로의 다름을 인정하고 상대를 비난하지 않는 태도가 필요해. 친구가 내게 서툰 행동을 했을 때 섣불리 판단하지 말고, 상대 입장도 충분히 살펴보자.

"네 입장에서 왜 그랬는지 이해해 보려고 노력할게."

이렇게 말하면 상대도 마음을 열기 쉬워질 거야.

또한 서로의 비밀이나 약속을 지키면서 신뢰를 쌓는 게 필요해. 친구가 고민을 이야기했을 때, 그 고민을 여기저기 소문내지 않고 비밀을 지켜주면, 친구는 나를 믿을 수 있는 사람으로 생각할 거야.

갈등 해결 능력 키우기

갈등은 관계를 망치는 게 아니라 관계를 더 깊게 만드는 기회가 될 수 있어. 하지만 중요한 건, 감정적으로 대응하지 말고 솔직하게 대화하는 거야. 상대를 비난하거나 판단하는 말 대신, 객관적인 상황과 '그때의 나의 감정'을 먼저 말해 보는 거야.

상대를 비난하거나 판단하는 말	상황과 감정을 표현하는 말
"네가 막말했잖아!"	"네가 나한테 바보 같다고 말했잖아. 그때 나는 기분이 안 좋았어."

혼자 있는 시간 즐기기

건강한 관계를 맺으려면 '나 혼자서도 괜찮다'는 마음이 필요해. 친구가 없더라도 나만의 시간을 의미 있게 보낼 수 있는 취미를 찾아봐. 혼자 있는 걸 불안해하지 않으면 관계에서도 여유가 생기거든.

솔직한 의사 표현하기

친구들과 이야기할 때 내 생각을 솔직하게 표현하는 것도 중요해. 의견이 다를 때미디 친구들에게 무조건 맞추지 말고, 내 생각을 말해 보는 거야. 그러면 상대방도 나를 더 존중해 주고 관계도 건강해져.

서로를 위해 긍정적으로 행동하기

좋은 관계는 '받기만 하는 것'이 아니라 '주는 것'도 포함돼. 친구에게 작은 칭찬을 건네거나, 친구가 힘들 때 따뜻한 말 한마디를 해주는 것도 건강한 관계를 만드는 데 중요해. 서로가 긍정적인 영향을 주고받을 때 관계는 더 단단해지거든.

나를 소중히 여기기 위한 실천 방법

스스로 칭찬하기

매일 잠들기 전에 오늘 잘한 일이나 기뻤던 일을 떠올려보자.
"오늘 발표할 때 생각보다 잘한 것 같아."

충분한 수면, 규칙적인 운동, 건강한 식습관

잘 자고, 잘 먹고, 체력을 단련하는 모든 활동이 나를 위한 거야. 평상시 기분을 좋게 하고 균형 있는 몸을 만들거든.

좋아하는 활동 찾아보기

잘하지 않아도 하는 것만으로 즐거운 활동이 있니? 그림 그리기, 글쓰기, 다이어리 꾸미기, 축구 등 즐거운 일을 찾아봐.

긍정적인 자기 메시지 들려주기

매일 거울을 보면서 자신에게 따뜻한 말을 들려주는 거야.
　"괜찮아. 잘하고 있어. 잘될 거야. 이미 충분히 사랑스러워."

남과 비교하기보다는 나에게 집중하기

각자 자신만의 속도가 있어. 남과 비교하지 말고 '어제의 나'보다 나아진 '오늘의 나'를 바라보는 거야.

감사 일기 쓰기

하루를 마치면서 감사한 일을 일기에 적어봐.
　"우산을 못 챙겼는데 비가 그쳐서 참 다행이었어."
　"친구가 수업 진도를 알려줘서 고마웠어."

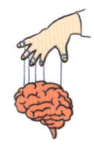

옷 속에 감춰둔 영미의 속마음

나는 겉으로 보기에는 평범한 중학생이야. 학교도 잘 다니고, 수업 시간에 질문을 받으면 또박또박 대답도 잘해. 숙제도 빠뜨리지 않지. 친구들이 보기에는 그냥 조용하고 성실한 아이일 뿐이야.

하지만 나에게는 남들이 잘 모르는 습관이 하나 있어. 무심결에 손목을 긁적이는 버릇이야. 처음 보는 사람들은 대수롭지 않게 넘기지만, 가까이서 보면 손목 위로 얇은 선들이 겹겹이 나 있어. 붉게 생겼던 상처가 희미하게 아물고 나면, 그 위에 또 다시 새로운 상처가 만들어지면서 선들이 계속 쌓이는 거야.

가끔은 상처가 간지러워서 긁기도 하지만, 사실… 그 선들을 보면 마음이 놓여. 이상하게 생각할 수도 있지만, 손가락 끝으로 그 상처들을 천천히 더듬으면 살아 있는 느낌이 들어.

'나는 지금 여기 있어. 사라지지 않았어.'

그게… 나의 존재를 느끼는 방식이 되어버린 것 같아.

사실 처음부터 그랬던 건 아니야. 초등학교 때까지는 정말 아무 문제없었거든. 그런데 중학교에 들어오면서 성적이 떨어졌어. 잔뜩 예민해졌는데 친구랑 말다툼하고, 게다가 엄마한테 혼까지 나서 감정이 완전히 뒤죽박죽 되었어. 혼자 방에 있는데 숨이 턱 막혔어. 방이 점점 더 좁아지는 것 같았지. 가슴이 답답해서 미칠 것 같았어. 어떻게든 멈추고 싶었어. 그냥 손톱으로 손목을 세게 긁었지. 아팠지만, 그 순간 머릿속이 멍해지면서 시끄러운 생각이 잠시 멈췄어. 이상하게도 마음이 가라앉았고, 그 뒤로 힘들 때마다 이 행동을 하게 됐어.

별거 아닌 게 아닌데

처음에는 가끔 하다가, 점점 더 자주 하게 됐어. 화가 나거나 불안할 때, 누가 나를 싫어하는 것 같을 때, 내 잘못인 것만 같을 때, 그냥 반사적으로 손목에 시선이 갔어.

"그거, 아프지 않아? 왜 그렇게까지 해?"

친구들이 가끔 나한테 물으면 뭐라고 답해야 할지 모르겠어. 솔직하게 말해도 아무도 이해하지 못할 것 같고, 괜히 나를 이상한 아이처럼 볼 것 같아. 사실 친구들도 나를 걱정해서 묻는 게 아니라, 단순한 호기심으로 궁금해하는 것 같거든. 혹은 그런 행동을 하는 나를 다그치는 것처럼 느껴졌어. 그래서 그냥 아무렇지 않은 척 넘겨버려.

"이거? 별거 아니야."

그런데 밤이 되면, 그 말들이 머릿속에 계속 맴돌아. 괜찮지 않은데 괜찮다고 말해 버린 게 자꾸 후회돼. 밤에 혼자 있으면 머릿속이 조용해질 줄 알았는데, 오히려 시끄러워져. 예전의 나쁜 기억이 떠오르며 내가 왜 그랬는지 후회하고, 자책하지.

'나는 정말 바보 같아.'

나 자신이 쓸모없고 하찮다는 생각이 들 때마다 견딜 수가 없어. 속이 시뻘겋게 불타올랐다가 힘이 죽 빠지면서 마구 슬퍼지지. 그 이상한 기분에서 벗어나려고 발버둥 치다 보면 어느새 피부에 상처를 내고 있는 거야. 그러면 잠시 멍해지면서 기분이 괜찮아져.

하지만 가끔 생각해.

'이게 정말 괜찮은 걸까?'

손목에 겹겹이 나 있는 상처가 덧나는 걸 볼 때면, 계속 이렇게 하면 안 될 것 같은 생각이 들어. 하지만 당장, 다른 방법을 모르겠어.

'정말, 이 방법밖에 없는 걸까?'

겉으로 보이는 상처,
속에 있는 상처

영미가 하고 있는 행동은 '자해'야. 스스로 자신의 몸에 해를 입히는 거지. 보통 '자해'를 '자살 시도'로 이어지는 첫 단계로 생각하기도 하는데, 꼭 그렇지는 않아. 자살하려는 의도 없이, 단지 고통스럽고 힘든 상황이나 감정 상태를 벗어나려고 자해하는 경우도 많아.

자해 행동은 여러 형태로 나타나. 피부를 세게 긁거나 칼로 베기도 하고, 머리카락을 뽑거나 손톱이 마모될 정도로 물어뜯기도 해. 자신의 신체에 해를 입히는 방식으로 나타나지.

겉으로 드러난 상처만 보면 얼마나 아팠을까 싶어. 아니, 정확하게 말하면 '네 마음이' 얼마나 아팠을까 싶은 게 맞을 거야. 겉으로 보이는 상처보다 속에 보이지 않는 상처가 더 깊은 법이거든.

자해 행동을 했다는 사실보다 '어떠한 상황에서, 어떤 과정을 거쳐서, 왜 자해 행동을 하게 되었는지' 속마음을 들여다보는 게 정말 중요해. 결국 자해 행동을 멈추는 열쇠도 그 안에 담겨 있거든.

자주하는 자해 행동 유형

자해를 하는 이유

간혹 자해는 심각한 정신 질환이 있을 때 나오는 행동이라고 생각하기도 해. 심각한 우울이나 불안과 높은 관련성이 있지만, 특별한 정신적 문제와 상관없이 자해하기도 해. 실제로 자해하는 청소년들에게 '왜 했는지'를 물어보면 많이들 이렇게 답해.

"가슴이 답답해서요."

"기분이 안 좋아서요."

"그냥요."

"나를 거절한 친구한테 복수하려고요."

저마다 구체적인 이유는 다르겠지만 감정 조절 수단으로 자해를 선택하는 경우가 많아. 강한 감정이 밀려올 때, 이를 적절히 통제하는 방법을 알지 못하니 극단적인 방식으로 해소하려는 거야. 슬픔, 불안, 분노가 감당하기 어려울 정도로 커질 때, 자해를 통해 그 감정을 순간적으로 가라앉히려는 거지.

그리고 일시적인 안도감을 얻기 위해 자해를 하기도 해. 정신적인 고통은 눈에 보이지 않으니 뭔가 모호하고 불쾌하거든. 신체에 상처를 냄으로써 내적인 고통을 '보이는 고통'으로 바꾸는 거야. 피가 나거나 상처가 생기면, 정신적인 아픔이 그곳으로 옮겨간 것처럼 느껴져서 잠시나마 편안함을 느끼는 거지.

또한 자신의 존재를 확인하려는 마음에서 자해하기도 해. 감정이 무뎌져서 아무것도 느낄 수 없는 상태가 되었을 때, 어떤 사람들은 자해를 통해 자신이 '살아 있다'는 걸 실감하려고 해. 고통을 통해서라도 자신의 존재를 확인하고 싶은 거지.

끝으로, 자신의 마음을 알아주는 사람이 없는 것 같을 때 외로움과 소외감 때문에 자해를 하기도 해. 힘든 마음을 털어놓을 사람이 없거나, 자신을 이해해 줄 사람이 없다고 느낄 때, 이를 혼자 해결하려다 점점 더 깊은 문제에 빠지게 되는 거지. 자신의 감정을 알아주는 사람이 아무도 없다는 생각이 들면, 자해가 유일한 해결책처럼 느껴질 수도 있어.

하지만 자해는 결국 근본적인 해결책이 될 수 없어. 잠깐 동안은 고통을 잊는 것 같지만, 결국 더 큰 고통을 겪게 되거든. 우선 몸이 상하지. 흉터가 남고, 의도치 않게 심각한 부상을 입거나 생명이 위험해질 수 있어. 자해한 뒤에 후회하고 자책하면서 고립감이 심해지기도 해. 무엇보다 자해 행동으로는 고통이 해결되지 않아. 외부 통증으로 내부 통증이 잠시 잊힐 뿐, 아픈 마음을 낫게 하는 건 아니니까.

죽고 싶은 건 아닌데,
자해가 습관이 되면

어느 연구에 따르면 중고등학생 5명 중 1명꼴로 비자살적 자해를 해 보았다고 해.▶ 꽤 높다고 생각할지 모르지만, 실제로는 이보다 더 많지 않을까 싶어. 자해를 수치스러운 행동으로 여겨서 숨기려고 하기 때문에 말하지 않는 경우가 훨씬 많거든.

누군가에게 말하기보다는 SNS 비밀 계정을 통해 자해 경험을 나누기도 해. 다른 사람들이 자해한 경험을 보면서, '나만 힘든 게 아니라고' 생각할 수도 있지만, 한편으로는 '자해를 별것 아닌 것처럼' 대수롭지 않게 인식할 수 있어. 그런데 말이지, 자해 행동은 생각보다 아주 위험해. 처음 몇 번의 시작으로 쉽게 중독되거든.

상처가 크든 작든, 자해를 계속하다 보면 몸에 밴 '습관'처럼 될 수 있어. 자해는 대부분 은밀하게 하기 때문에 주변에서 눈치채지 못하지. 스스로 말하지 않는 한 지속되기 쉬워. 자해를 하면 순간적으로 마음이 기리앉는 것 같지만, 사실은 더 큰 문제를 만들면서 점점 더 위험한 상태에 빠져들게 돼. 자해 중독이 왜 위험한지 알려줄게.

자해를 반복하면 감정 조절이 더 어려워져

아무도 모르게 고통을 해결하는 은밀한 방법을 찾다가, 친구가 하니까 나도 따라서, 고통을 빨리 없애고 싶어서, 그렇게 가끔 자해를 했다고 치자. 그 방법에 익숙해지면 점차 반복하게 돼. 사소한 스트레스를 받아도 자해하고 싶다는 충동이 생기지. 부정적인 감정에서 벗어나는 빠른 방법으로 착각하기 때문에, 다른 대안은 생각하지 못한 채 '자해 행동'에 몰두하게 되는 거야.

때로는 시간이 지나면 자연스럽게 사라질 감정들인데 오히려 자해를 하면서 부정적인 감정으로 더 깊게 남기도 해. 자해는 괴로운 감정을 없애주는 게 아니라, 오히려 감정을 더 크게 만들거든.

상처가 점점 깊어지고 멈추기 어려워져

처음에는 손톱으로 긁거나 얕은 상처를 내는 정도였지만, 시간이 지날수록 같은 효과를 얻으려면 더 깊고 강한 자극이 필요해. 결국 상처가 점점 심해지고, 출혈이 많아지면서 자칫하면 예상치 못한 사고로 이어질 수도 있어.

또한 같은 부위를 반복해서 상처 내면 흉터가 남거나 감염될

위험성이 커져. 특히 위생적이지 않은 도구를 사용하면 상처가 덧나고, 심한 경우 치료가 필요할 수도 있어.

자해를 안 하면 불안하고 초조해지는 악순환

자해를 하면 잠깐은 마음이 편해지지만, 시간이 지나면 다시 불안해져서, 또다시 자해를 하는 악순환이 이어져. 어느 순간 '하지 않고서는 못 배기는 상태'가 되는 거지. 자해를 그만하려고 하면 오히려 더 불안하고 초조해지는 금단 증상이 생기기도 해. 손이 떨리고 감정이 폭발할 것 같은 기분이 들어서, 그 불안감을 견디지 못하고 다시 자해를 반복하게 돼.

자해가 생명을 위험하게 만들 수 있어

자해를 하면서도 '난 죽고 싶은 건 아니야'라고 생각하는 경우가 많아. 하지만 자해를 반복하면 '자신에게 해를 가하는 행위'에 무뎌지고 극단적인 선택으로 이어지기도 해. 자해를 계속하다 보면 자기 자신을 더 부정적으로 보게 되거든. 결국 무력감이 커지면서 우울감이 더 심해질 수 있어.

'내가 왜 이렇게까지 해야 하지?'

주변 사람들과 멀어지면서 더 외로워져

자해를 하면 주변 사람들에게 들키지 않으려고 점점 더 숨어서 하게 돼. 긴소매 옷을 입거나, 상처가 보이지 않는 곳에 자해를 하거나, 사람들과 만남을 피하는 경우도 많지. 그러면서 점점 혼자 있는 시간이 늘어나고 외로움이 커질 수 있어. 문제는 외로움이 커질수록 자해를 더 하고 싶어지는 악순환이 생긴다는 거야.

'내 마음을 아무도 몰라줄 거야.'

이런 생각이 들면 혼자 해결할 방법에만 몰두하게 되고, 자해가 더 자주 반복될 수 있어.

어떻게 해야 자해를
멈출 수 있을까

자해하는 이유는 각자 다르겠지만, 보통은 고통스러운 감정을 조절하는 방법을 찾지 못해서 자해하는 경우가 많아. 그래서 현재 자신의 '자해 행동'을 있는 그대로 들여다보고, 그 안에 담긴 고통스러운 감정을 이해하고, 이를 안전하게 조절하는 방법을 찾는 게 중요해.

1단계 : '자해 행동' 이해하기

자해를 멈추고 싶다면, 우선 현재 하고 있는 '자해 행동'을 있는 그대로 들여다봐야 해. 행동 분석에서 사용하는 'ABC 모델'을 적용해 볼게. 여기서 A는 선행 사건antecedent, B는 행동behavior, C는 행동으로 인한 결과consequence야.

'선행 사건'은 자해를 하게 되는 상황, 생각, 감정, 욕구를 의미해. 주로 어떤 상황에서 자해를 하게 되는지, 어떤 생각이 들었는지, 마음은 어떠했는지, 무엇을 원했는지 등에 대해 알아봐야 해.

'행동'은 자해 행동 자체를 말해. 자해를 하는 빈도(얼마나 자주 하는가?), 방법(어떤 방법으로 하는가?), 부위(어느 부위에 하는가?), 정도(깊이 혹은 위해 정도가 어느 수위인가?), 의도(죽으려는 의도가 있었는가?), 계획(구체적으로 계획했는가? 아니면 충동적이었는가?) 등을 면밀하게 살펴야 해.

'결과'는 자해 행동으로 인해 얻는 이득이 뭐였을지, 손해가 뭐였을지를 살피는 걸 말해.

A 선행 사건	상황 ⇒ 성적이 떨어져서 엄마가 화냈어. 생각 ⇒ '난 정말 바보' 같아. '나는 아무짝에도 　　　　쓸모없는' 것 같아. 감정 ⇒ 화, 외로움, 주체할 수 없는 고통이 밀려왔어. 욕구 ⇒ '그래도 노력한 걸 알아줬으면' 좋겠어.
B 행동	방법 ⇒ 늦은 밤에 혼자 방에서 눈썹 다듬는 칼로 　　　　손목에 5~6번 상처 냈어. 의도 ⇒ 피가 많이 나지는 않았어. 죽으려는 의도는 　　　　없었어.
C 결과	이득 ⇒ 멍해지면서 고통이 해소되는 느낌이 들었어. 손해 ⇒ 손목을 옷 밖으로 드러내지 못하고, 주변의 　　　　편견이 신경 쓰여. 자해 행동 뒤 주변 정리가 　　　　오래 걸려. 피부 발진이나 염증이 생길 수 　　　　있어.

2단계 : 고통에 다가가기

자해는 '내가 몹시 고통스럽다'는 경고 신호야. 그 신호를 무시하지 말고 잘 살펴줘야 해. '부모님이 아시면 혼날까 봐', '친구들이 알면 나를 이상한 애로 볼까 봐', 감춰두기만 해서는 아무것도 해결되지 않아. 누구보다 '나 자신을 위해서' 힘들다는 경고 신호를 보내는 마음을 돌봐줘야 해.

　자해 직전에 느꼈던 부정적인 감정이 무엇인지, 충분히 이야기하고 쓰다듬어 주어야 해. 그 고통스러운 감정을 해소하려고 자해 행동을 하게 되는 거라면, 고통 자체에 대해 '그럴 수 있었겠다'라며 공감해 주어야 하거든.

'내가 힘들구나.'
'내가 이만큼 괴롭구나.'

충분히 이해하고 공감한 다음에는 어떤 생각이 이런 감정에 영향을 줬을까를 생각해 봐. 사건 그 자체가 아니라 사건을 어떻게 해석하느냐에 따라 감정과 행동이 달라지기도 하거든.

가령 좋아하는 친구가 쉬는 시간에 다른 친구들이랑 노는 것을 보고(상황), '이제 나를 좋아하지 않는구나'라고 해석하면(생각), 슬프고 우울할 거야(감정). 그 친구의 눈치를 보거나 그 친구와 마주치고 싶지 않을 수 있어(행동). 하지만 '다른 친구들이랑 놀 수도 있지'라고 생각하면(대안 생각) 조금 아쉽기는 해도 부정적인 감정이 폭발적으로 커지지는 않을 거야.

나의 감정에 영향을 준 생각이 있다면, 과연 그 생각이 맞는지 의심해 보고, 증거를 수집해 봐. 무조건 긍정적으로만 보라는 게 아니야. 합리적으로 보자는 거지. 섣불리 넘겨짚지 말고, 다른 가능성이 있는지 고민하면서 객관적인 증거를 봐.

3단계 : 감정 조절을 위한 대안 행동 찾기

고통스러운 감정을 해소할 수 있는 건강한 해결책을 찾아보자.
다음 목록 중에서 가능한 것들을 체크해 봐.

건강한 해결책

□ 즐거운 활동 리스트 만들기(예를 들면 노래방 가기, 자전거 타기)

□ 스트레스 볼, 말랑이 만지기(부정적인 감정과 긴장감 배출)

□ 찬물로 세수하기(피부에 차가운 자극 주기)

□ 곰 인형 껴안기(공허함 달래기, 부드러운 촉감 느끼기)

□ 감정 카드에서 지금의 감정 찾아보기

□ 아로마 향 맡기(심신 안정시키기, 새로운 활력 얻기)

□ 파핑 캔디 입에 물기

□ 고무줄 손목에 걸고 튕기기

□ 구급상자 곁에 두기(스스로 응급 처치)

□ 감정 일기 쓰기(떠오르는 대로 글로 쓰기)

□ 두꺼운 책 찢기

□ 고민 상담 앱 켜고 말 걸기

자해하는 친구가 곁에 있다면

"실은 나 예전부터 자해했어."

친구가 너한테 이런 얘기를 한다면 어떨 것 같니? 걱정 가득한 얼굴로 이것저것 꼬치꼬치 캐묻고 싶어질지 몰라.

"언제부터야? 왜 그러는데? 무슨 일 있어?"

걱정이 앞서더라도 잠시 질문은 접어두고, 이야기를 꺼낸 상대방을 먼저 생각했으면 해. 혼자 꽁꽁 감춰둔 비밀을 털어놓은 건 '그걸 멈추고 싶다'는 신호거든. 그러니 그 마음이 사라지지 않도록 질문보다는 인정을 먼저 해주었으면 해.

"나한테 말해줘서 고마워. 그동안 많이 힘들었겠다."

친구 이야기를 차분히 들어주고 고개를 끄덕여주는 거야. 그리고 친구에게 말해줘. 혼자 해결하려 하지 말고 도움을 요청하자고. 부모님이나 선생님, 병원, 상담 기관 등 찾아보면 주변에 도움받을 수 있는 곳이 있어. 누군가에게 지금 느끼는 괴로움을 드러내고 아픔을 나눌 수 있어야 해.

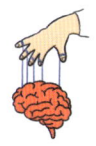

게임인 줄 알고 도박에 빠진 민수

나는 여느 애들처럼 온라인 게임을 즐겨. 어느 날 친구가 자랑했지.

"나 게임 아이템 거래해서 돈 벌었다."

호기심이 들어서 나도 몇 번 따라 해 봤어. 운이 좋았는지, 첫 거래에서 몇만 원을 벌었지.

'돈을 이렇게 쉽게 벌 수 있다니!'

마냥 기분이 좋았어.

가끔 공짜 웹툰을 보려고 불법 스트리밍 사이트에 들어가는데, 이런 배너가 번쩍거리는 거야.

'소액으로 시작하는 스포츠 베팅!'

'10초 만에 10만 원으로 100만 원 만들기!'

호기심에 클릭해 봤지. 처음에는 5천 원을 베팅하면서 장난처럼 생각했어. 몇 번 돈을 따니까 재미있더라고. 5천 원이 2만 원이 되고, 2만 원이 10만 원이 되었어.

'나 좀 잘하는 듯?'

자신감이 생기면서 베팅 금액이 점점 커져갔지.

돈을 되찾으려는 치열한 몸부림

하지만 늘 돈을 따기만 한 건 아니야. 한번은 30만 원을 베팅했는데 순식간에 사라졌어. 사실 베팅에서 딴 돈이라서 그냥 날려버려도 상관없었는데, 이상하게 아까운 마음이 드는 거야. 패배한 것 같아서 속상했어. 그 손실을 만회하려고 베팅 금액을 50만 원으로 올렸어.

'딱 한 판만 이기면 돼.'

이런 마음이었지. 이제 그냥 게임이 아니라, 잃은 돈을 되찾기 위한 치열한 싸움이 된 거야. 숨겨둔 용돈까지 탈탈 털어서 쓰다 보니, 어느 순간 계좌에는 돈이 한 푼도 없었어. 나는 부모님께 이리저리 둘러대면서 용돈을 받아냈어.

"친구 생일 선물 사야 돼요."

"학원에서 문제집 더 사래요."

그래도 모자라자 친구들에게 돈을 빌리기도 했지. 급기야는 부모님 지갑에서 돈을 훔치기도 했어. 부모님이 눈치채기 전에 다시 채워 넣을 생각이었는데, 그게 마음처럼 안 되는 거야. 다행히 도박 운영 사이트에서 돈을 빌려준다고 해서, 그 돈으로 다시 베팅을 했지. '딱 한 번'이면 뒤집을 수 있을 것 같았는데, 계속 잃기만 했어. 미쳐버릴 것만 같았지. 빚을 갚지 못할까 봐

점점 초조해졌어. 계속 돈 걱정을 하느라 수업에 집중하지 못하고 애들이랑 웃고 떠들 수도 없었어.

박살 나버린 현실

빚을 갚지 못하는 기간이 길어지자, 결국 대부업체에서 부모님께 연락을 했어. 내가 빚진 돈은 4천 만으로 불어나 있었지. 부모님은 충격을 받았고 엄청 화를 내셨어. 그제야 나도 현실이 얼마나 망가져 있는지를 깨닫게 되었어.

하지만 도박을 끊기가 쉽지 않았어.

'이제 정말 그만!'

수없이 다짐했지만, 스마트폰이 있으면 나도 모르게 도박 사이트에 들어가게 돼. 이게 얼마나 위험한 건지 이제는 알지만, 끊기가 정말 어려워. 부모님이 화를 내는 게 모두 돈 때문이라는 생각이 들어서, 어떻게든 돈을 되찾아야 한다는 생각만 들거든. 과연 내가 도박을 끊을 수 있을까?

게임과 도박은
어떻게 다를까

처음부터 '나 이제부터 도박할 거야'라고 하면서 도박을 시작하는 경우는 없어. 대부분 게임처럼 즐기려는 마음으로 시작하지. 하지만 도박과 게임은 엄연히 달라. 게임은 정해진 규칙하에 경쟁하면서 승부를 겨루지만, 도박은 승부가 불확실한 상황에서 확률에 승패를 걸어. 이길 수도 있고 질 수도 있는 거지. 다시 말해서 도박은 '결과가 불확실한 사건에 돈이나 가치 있는 것을 거는 모든 행위'를 말해. 승패가 대개 '우연히' 결정되기 때문에 결과가 불확실하지.

그런데 이 불확실성 때문에 도박을 더 짜릿하게 느끼는 경향이 있어. 도박으로 이득을 취하면, 생각보다 쉽게 돈을 벌었다고 생각하며 '뭔가 잘될 것 같은 기분'에 취해 버리거든. 그런데 계속 잘되지는 않아. 도박은 우연성에 기댄다고 했지? 이 말은 손해를 볼 수도 있다는 뜻이야. 이득을 취했을 때 느끼는 '우월감'만큼 손해를 보면 크게 '좌절감'을 느껴. 그리고 손실을 메우기 위해 다시 도박을 하게 되지.

무엇보다 게임과 도박을 잘 구분하는 게 중요해. 이런 질문을 해 보면 도움이 될 거야.

'돈을 직접 걸고 잃을 위험이 있는가?'

온라인 게임은 대부분 가상 아이템이나 캐릭터를 성장시키는 데 초점이 맞춰져 있어. 게임 내에서 돈을 쓰기는 하지만 돈을 직접 걸고 잃는 구조가 아니야. 온라인 도박은 돈을 걸고 결과에 따라 돈을 얻거나 잃는 구조야.

'운과 실력 중 무엇이 더 중요한가?'

온라인 게임은 플레이어의 전략, 반응 속도, 팀워크 등이 중요해. 연습하면 실력이 늘고 승리할 가능성이 높아지지. 반면온라인 도박은 대부분 운에 의존해. 포커와 같은 일부 도박은전략이 개입되기도 하지만 기본적인 구조는 확률이야.

온라인 게임은 실력과 재미가 중심이지만, 온라인 도박은 돈을 걸고 확률에 의존한다는 점에서 엄연히 달라. 만약 '이걸 하면 돈을 따거나 잃을 수도 있겠다'는 생각이 든다면, 지금 도박을 하고 있는 거야. 도박은 '돈을 벌 수 있겠다'는 희망으로 시작하지만, 장기적으로 보면 대부분 돈을 잃게 돼. 그런데 돈을 잃으면 더 많은 돈을 걸어서 만회하려는 심리가 작용하기 때문에심각한 중독으로 이어질 수 있어.

나도 모르게 빠질 수 있는 함정, 도박

'도박은 문제 있는 몇몇 아이들에게나 있는 일이지. 나랑 은 상관없어.'

혹시 이렇게 생각하니? 그런데 사실 그렇지 않아. 청소년들 거의 대부분 스마트폰을 가지고 있기에 '돈내기 게임'에 쉽게 접근할 수 있어.▶ 사다리 타기, 빙고, 포커처럼 익숙한 게임으로 보이더라도, 돈을 걸고 베팅을 하면 그건 전부 '도박'이야.

2024년 청소년 도박 실태 조사에 따르면, 청소년 100명 중 4 명(4.3%) 정도가 평생 한 번 이상 도박을 해 본 적이 있다고 해. 그리고 그중 19.1%는 최근 6개월(2024년 3월~8월) 동안에도 도 박을 계속하고 있대.▶ 이들이 처음 도박을 하게 되는 평균 연령 이 12.9세라고 하니 초등학생 때부터 도박 콘텐츠를 접하고 있 는 셈이야.▶

실제로 도박을 하지 않더라도 '돈내기 게임' 사이트에 들어 가 보고, 주변 친구들이 하는 모습을 보다 보면 불법이니까 하 면 안 된다는 경각심이 사라져.

'어? 다들 하네? 이거 재미있어 보이는데?'

이런 생각이 들면서 도박을 시작하게 돼. 그렇게 가벼운 마음으로 시작했다가 두 번, 세 번 반복하다가 자신도 모르게 도박에 중독될 수 있어.

2023년 9월부터 1년간 경찰청에서 '사이버 도박 특별 단속'을 했는데, 검거된 9971명 중에서 절반가량인 4715명이 19세 미만 청소년이었다고 해. ▶ 청소년 도박 금액은 총 37억 원(1인

당 평균 78만 원)인데, 최저 1천 원부터 최고 1억 9천만 원까지 있었다고 해. 대체 왜 이렇게 도박 문제가 심각해지는 걸까.

스마트폰으로 가까워진 청소년 도박

과거에는 도박을 하려면 성인들처럼 카지노나 경마장에 가야 했지만, 지금은 스마트폰 하나만 있으면 누구나 가능해졌어. 단순한 게임 아이템 거래부터 스포츠 베팅, 온라인 도박까지 성인 인증 절차 없이 누구나 쉽게 접근할 수 있지. 불법 웹툰 사이트나 스트리밍 사이트에 들어가 보면 '소액으로 시작하는 스포츠 베팅' 같은 광고가 가득해. 또 청소년이 즐겨하는 합법적인 게임 내에서도 사행심을 촉발하는 요인이 있어. 게임 속 미니 게임 중에 도박 속성을 지닌 것들이 있거든. 이런 게임을 자주 이용할 경우에도 온라인 도박에 빠질 가능성이 많아.

친구, 선후배를 따라서 해 보기

'나도 한번 해 볼까?'

게임에서 돈을 번 친구 얘기를 들으면 이런 생각이 들 거야. 주변 친구나 선후배가 다들 도박을 하고 있다면, 도박이 불법이라거나 위험하다는 인식은 희미해질 거야.

'다들 하는 건데, 뭐….'

'친구 따라 몇 번 했는데, 설마 중독까지 될라고!'

대수롭지 않게 생각할 거야. 하지만 앞서 민수 사례에서 봤듯이, 대부분 친구나 선후배와 어울리다가 재미있어 보여서, 충동적으로 딱 한 번 경험 삼아 시작하는 경우가 많아. 일부 도박 사이트 운영자들이 그런 특성을 이용하기도 해. 일부러 청소년에게 총판 역할을 맡겨서 친구들에게 홍보하고 회원을 모집하게 만드는 거야.

스트레스 해소를 위한 수단으로

청소년기에는 여러 '성장통'을 겪어. 자신을 이해하는 과정에서 관계 갈등을 겪고, 학업을 수행하는 과정에서 여러 스트레스를 겪을 거야. 도박을 하면서 그러한 스트레스에서 잠시나마 벗어나고 싶을 수 있어. 도박은 즉각적으로 욕구가 충족되거든. 스릴과 쾌감, 여기에 돈을 따는 경험이 더해지면 '뭔가 이룬 것 같은' 우월감, 자신감을 느낄 수 있어. 그런데 사실 스트레스 해소는 잠시뿐이야. 도박으로 돈을 잃을 수도 있잖아? 손해를 보면 도박을 그만둬야 하는데, 도박의 특성상 쉽게 그만두기가 어려위. 잃은 만큼 만회해야 한다는 생각에 사로잡히거든.

도박에 한 번 빠지면
헤어 나오기 어려운 이유

얼마 전에 도박으로 1천 6백만 원을 잃은 중학생이 도박 자금을 마련하기 위해 절도를 저지르고, 대리 입금을 300만 원 이용했다가 매일 빚 독촉에 시달린 사건이 있었어. 대리 입금은 일종의 사채인데, 연이율이 1000%에 달하는 높은 이자를 요구해. 300만 원을 빌렸는데, 이자가 3천만 원에 달한다는 얘기야.

도박은 일상에 피해를 입히는 정도가 아니라, 인생 전체에 어마어마한 피해를 끼쳐. 학교생활 부적응이나 성적 저하, 집중력 저하, 가족 간 갈등과 같은 문제에 이어 심하면 절도, 갈취, 학교 폭력 등 2차 범죄로 이어지거든. 그런데 여러 피해가 생겨도 도박에서 헤어 나오기가 무척 어렵다고 해.

참 궁금하지 않아? 도박으로 인해 심각한 피해를 입었다는 뉴스가 나오고, 도박이 엄연히 불법이라는 걸 알면서도, 왜 도박에 한 번 빠지면 그만두기가 어려운 걸까? 여기에 어떤 심리가 숨어 있는 걸까?

게임 요소에서 오는 스릴, 재미

일단 도박은 그 자체에 재미 요소가 있어. 뭐가 뭔지 모르는 불확실한 상황에 조마조마하면서 긴장하게 되는데, 그래서 보상이 주어지면 더 짜릿한 거야. 뭔가 신기하고 자극적인 경험을 추구하는 성향이라면 이런 재미 요소에 더 쉽게 빠질 수 있어. 이런 자극을 추구하는 성향은 도박에 중독된 사람들에게서 공통적으로 보이는 선천적 취약성 요인 중 하나야.

통제할 수 있다는 착각 Illusion of control

도박으로 우연히 몇 번 돈을 따면 우쭐해져서, 이후에 돈을 몇 번 잃는다 해도 착각에 빠지게 돼.

'한 번 더 하면, 이번엔 다를 거야.'

그 다음번에도 확률을 자신의 힘으로 조절할 수 있다고 착각하는 거야.

도박사의 오류 Gambler's fallacy

통제할 수 있다는 착각에서 나아가, 과거 결과가 미래에 영향을

미칠 것이라고 잘못 믿기도 해. 이런 걸 '도박사의 오류'라고 해. 가령 동전을 다섯 번 던졌는데, 연속으로 '앞면'만 나왔다고 해 볼게. 그럼 이렇게 잘못 생각하는 거야.

'앞면만 나왔으니까 다음에는 뒷면이 나올 확률이 높겠지?'

하지만 실제는 그렇지 않아. 이전 결과가 어떻든 간에 다음 번에 앞면이 나올 확률은 매번 50%야. 매번 독립적으로 일어나는 사건이니까. 도박도 마찬가지야. '계속 졌으니까 한번은 따겠지'라고 믿어도 확률은 변하지 않아.

잃은 돈을 되찾을 유일한 방법이라는 착각

도박은 확률이기 때문에 돈을 잃을 수 있어. 장기적으로는 반드시 돈을 잃도록 설계되어 있지. 그런데 도박으로 돈을 잃으면 '내가 여기에 쓴 돈이 얼마인데…' 하면서 '딱 한 판이면 만회할 수 있어'라고 생각해. 이미 투입된 비용에 집착한 나머지, 계속 손실을 보고 있는데도 도박을 멈출 수 없는 거야.

어떻게 해야 할까

도박 중독은 스마트폰, 담배, 관계, 술 등 여타 행위 중독이나 물질 중독보다 금전적 손실이 크고 심각한 사회 문제가 발생해. 학교 부적응, 성취 저하, 관계 갈등 문제뿐만이 아니라, 빚을 지면서 재정적 피해가 생기고, 부모님이 대신 갚아주는 과정에서 가정 경제가 무너지기도 해. 빚진 돈을 갚기 위해 대학 진학이나 원하던 진로를 포기하는 경우도 있어. 돈을 벌어서는 빚을 다 갚을 수 없다는 생각에 상도, 절도, 갈취, 사기 등 2차 범죄에 빠지는 경우도 많아. 그러니까 도박 문제가 도미노처럼 이어지기 전에 빨리 개입하는 게 중요해.

우선, 자신의 상태를 객관적으로 파악해 보자. 이미 도박 중독이 심각한 수준이라면 '질병'으로 인식해야 해. 도박 중독은 만성적으로 진행되는 질환이거든. 도박 중독 초기에는 자기 인식, 충동 조절 훈련 등을 통해서 어느 정도 벗어날 여지가 있어. 하지만 심각한 수준에 이르면 '브레이크가 고장 난 자동차'처럼 통제되지 않는 위험한 상태에 이르게 돼. 브레이크가 고장 난 자동차를 수리하듯이, '중독 상태'를 치료한다고 생각해야 해.

경각심을 높이는 차원에서 강조하고 싶은 부분이 있어. 도박은 '불법'이라는 거야. 당연히 처벌을 받아. 만 14세 미만의 촉법 소년의 경우에는 형사 처벌 대상은 아니지만, 대신 소년법에 따라 보호처분을 받지. 소년원 송치, 보호관찰, 사회봉사 명령 등 다양한 형태로 처벌받아. 만 14세 이상이라면 형사 처벌 대상이야. 만약 청소년이 도박한 당시에는 처벌을 받지 않았더라도, 공소시효가 남아 있다면 성인이 되어서도 처벌받을 수 있어.

현재 상태 인식하기

현재 자신의 도박 중독이 어느 정도인지를 알아야 해. 중독이 심각할수록 행동 조절 능력이 약해지고, 심리적 의존도가 강해지거든. 다음 선별 검사를 해 보면서 도박 중독을 점검해 보자.

청소년 도박 문제 선별 검사 CAGI
(Canadian Adolescent Gambling Inventory)

	*돈내기 게임이란 도박을 의미합니다.	없다	가끔 있다	자주 있다	거의 항상
1	돈내기 게임 때문에 단체 활동이나 연습에 빠진 적이 있나요?	0	1	2	3
2	돈내기 게임을 같이하는 친구들과 어울리느라 다른 친구들과의 약속을 어긴 적이 있나요?	0	1	2	3
3	돈내기 게임을 위해 계획을 세운 적이 있나요?	0	1	2	3
4	돈내기 게임 때문에 기분이 나빴던 적이 있나요?	0	1	2	3
5	전에 잃은 돈을 찾기 위해 다시 돈내기 게임을 한 적이 있나요?	0	1	2	3
6	돈내기 게임을 한다는 사실을 부모님이나 가족 또는 선생님에게 숨긴 적이 있나요?	0	1	2	3
7	지난 3개월 동안 돈내기 게임으로 인해 내게 문제가 생겼다고 느낀 적이 있나요?	0	1	2	3
	* 다음 두 문항은 응답 보기가 위와 다릅니다	없다	1~3회	4~6회	7회 이상
8	밥이나 옷, 영화표 구입 등에 써야 할 용돈을 돈내기 게임에 쓴 적이 있나요?	0	1	2	3

9	돈내기 게임을 위해 남의 돈이나 돈이 될 만한 물건을 몰래 가져온 적이 있나요?	0	1	2	3
계	1번부터 9번까지 점수를 합산				점

0~1점 : 비문제 수준, 지난 3개월 동안 돈내기 게임 경험이 없거나 돈내기 게임으로 인한 피해나 폐해가 발생하지 않은 상태.

2~5점 : 위험 수준, 지난 3개월 동안 돈내기 게임 경험이 있으며 경미한 수준에서 중증도 수준의 조절 실패와 그로 인한 심리, 사회, 경제적 폐해 등이 발생한 상태.

6점 이상 : 문제 수준, 지난 3개월 동안 돈내기 게임 경험이 있으며, 심각한 수준의 조절 실패와 그로 인한 심리, 사회, 경제적 폐해 역시 심각한 수준으로 진행된 상태.

* 온라인 검사 : 한국도박문제관리센터 홈페이지(www.kcgp.or.kr) > 예방홍보 > 도박이란? > 자가진단 > 청소년 도박문제 자가점검(CAGI)에서 진행

전문 기관을 적극적으로 이용하기

도박 문제는 시간이 지나면서 문제가 더 심각해질 수 있어. 금전 문제, 대인 관계, 학교생활, 가정생활 등 여러 문제가 동시다발적으로 일어나거든. 문제가 더 복잡해지고 심각해지기 전에 빨리 개입해야 해. 혼자 해결하려고 하지 말고 전문가의 도움을 적극적으로 받아보자.

도박 문제 전문 상담 기관으로는 문화체육관광부 산하 '한국 도박문제예방치유원'이 있어. 전문 상담, 치유 서비스 지원, 법률 및 재정 상담 지원 등 도박 문제와 관련한 전문 서비스를 무료로 받을 수 있고, 병원 치료가 필요한 경우 전문 병원으로 연계하는 '24시간 헬프라인 1336' 의료 서비스도 지원하고 있어.

도박 중독 예방을 위한 생각 전환법

친구들이 도박으로 돈을 벌었다고 자랑하거나, 혹은 그냥 도박에 호기심이 들 수 있어.

'해 볼까?'
'이게 설마 심각한 문제겠어!'

이렇게 대수롭지 않게 여겨질 때, 도박 행동을 조절하는 데 도움이 되는 몇 가지 생각 전환법을 알려줄게. 도박을 하고 싶은 마음이 들 때 다른 생각을 떠올려보고, 이를 지지하는 말을 자신에게 들려주는 거야.

생각 전환법

이런 생각이 든다면	이렇게 바꿔봐	지지해 주기
'한 번쯤은 괜찮겠지?'	'한 번이 시작이야.'	"도박 중독은 '그 한 번'으로 시작하는 거야. 나도 모르게 계속하게 되면 나중에는 멈추기가 어려워져. 한 번도 안 하는 게 가장 안전하지."
'이번에는 이길 것 같아.'	'도박은 결국 내가 지도록 만들어졌어.'	"도박 시스템은 운영자가 돈을 벌도록 설계되었어. 내가 몇 번 이겨도 결국 더 많은 돈을 잃게 될 거야."
'지난번에 잃은 돈을 되찾아야 해.'	'잃은 돈을 찾으려다 더 크게 손해 볼걸.'	"도박에서 가장 위험한 생각이 바로 복구 심리야. 이기려다가 더 큰 돈을 잃고 걷잡을 수 없게 될 거야. 지금 멈추는 게 진짜 이기는 거야."
'다들 하니까 나도 해도 되겠지?'	'다 한다고 해서 나한테 좋은 건 아냐.'	"친구들이 한다고 해서 무조건 따를 필요는 없지. 나한테 뭐가 좋은 건지 스스로 따져보고 선택하자."
'이거라도 안 하면 심심해.'	'도박 말고도 재미있는 게 많아.'	"도박 말고도 다른 재미있는 활동이 많아. 새로운 운동 배우기, 자전거 타기, 동아리 활동, 브이로그 찍기, 캠핑하기, 버킷 리스트 만들기 등 재미있고 신나는 활동을 찾아서 해 보는 거야."

진짜 행복을
만들고 싶지 않니?

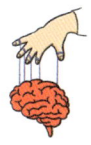

내가 원하는 삶을 스스로 결정하기

우리는 하루에도 수없이 많은 선택을 해. 아침에 눈을 뜨는 순간부터 무슨 옷을 입을지, 뭘 먹을지, 누구를 만나서 뭘 할지를 선택하지. 이런 작은 선택들이 모여 하루를 만들고, 결국 우리 인생을 결정하는 거야. 하지만 우리는 과연 신중하게 선택하고 있을까? 그리고 이 선택들이 정말 나를 '행복한 삶'으로 이끌고 있을까?

행복한 삶을 위해 중요한 건, 내가 원하는 삶을 스스로 결정하는 거야. 심리학에서는 이를 '자기 결정 이론Self-Determination Theory'이라고 해. 이 이론에 따르면 사람은 본능적으로 자율성Autonomy, 유능성Competence, 관계성Relatedness이라는 세 가지 기본 욕구를 가지고 있어.

'자율성'은 스스로 선택하고 결정할 때 충족되는 욕구야. 자신의 행동이 타인의 강요나 외부 압력에 의해 결정되지 않고, 내적인 동기에서 비롯될 때 만족감을 느끼지. '유능성'은 어떤 일을 할 때 능숙하게 수행하고, 성장하고 있다는 느낌을 받을 때 충족되는 욕구야. 새로운 기술을 배우거나 목표를 달성하며 자신의 역량을 키울 때 의욕이 커져. '관계성'은 타인과 의미 있는 관계를 형성하고, 사회적 유대감을 느낄 때 충족되는 욕구야. 가족, 이웃, 친구들과 연결되어 그 안에서 지지받고 인정받을 때 심리적 만족감을 얻어. 이 세 가지 욕구가 충족될 때 인간은 무언가 하고 싶어지고 삶에 대한 만족도가 높아져. 반대로 이 세 가지 욕구가 부족하면 무기력해지거나 외적 보상에 의존하게 되지.

순간적인 충동으로 쾌락적인 자극에 빠져 있다면, 이 세 가지 기본 욕구가 제대로 채워지고 있는지를 살펴봐. 외부 압력 없이 스스로 뭔가를 선택하고 있는지, 성장하고 있다는 느낌을 받고 있는지, 사람들과 유대감을 느끼고 있는지를 들여다봐야 해. 그래서 혹시 부족한 부분이 있다면, 그 부분의 욕구를 충족시키기 위한 뭔가를 해야 해.

자율성을 높이는 방법

자율성을 높이려면 첫째, 작은 결정부터 스스로 해 보자. 하루 계획을 직접 세우고, 내 방을 꾸미는 것부터 시작해 보는 거야. '부모님이 시켜서'가 아니라, 내가 선택한 일에 책임지는 게 중요해.

둘째, 새로운 도전을 해 보자. 동아리나 봉사 활동을 스스로 찾아서 해 보면 어떨까. 직접 여행 계획을 짜는 것도 좋은 방법이야.

셋째, 나의 생각을 표현해 보자. 부모님이나 친구들과 대화할 때 내 의견을 먼저 말해 보자. 나만의 취미와 관심사를 주변에 공유해 보는 것도 좋아.

넷째, 실패해도 괜찮다는 마인드를 갖자. 계획한 일이 잘 되지 않을 수도 있어. 하지만 경험 자체가 성장하는 과정이야. '처음에는 어렵지만, 해 보면 된다고' 스스로에게 말해 주자.

다섯째, 나만의 기준을 만들자. 주변 의견에 휩쓸리기보다는 내 생각을 정리해 보자. SNS나 미디어 정보도 그대로 믿지 말고, 직접 근거를 찾아보고 사실을 확인해 보는 습관을 갖는 거야.

유능성을 높이는 방법

유능성을 높이려면 첫째, 할 수 있는 목표를 세우고 성취하자. 이루기 어려운 이상적인 목표가 아니라, '해낼 수 있는 목표'를 세우고 실천해 보는 거야. '내가 할 수 있다'는 느낌을 쌓아가는 과정이 중요해.

둘째, 좋아하는 분야에서 실력을 키우자. 관심 있는 과목을 더 깊이 공부해 보는 거야. 혹은 블로그, 유튜브, SNS에 생각이나 경험을 정리해서 공유해 봐. 글을 쓰거나 영상으로 남기면 실력이 쌓이고, 다른 사람과 소통하면서 자신감을 얻을 수 있어.

셋째, 꾸준함의 힘을 믿자. '처음에는 어려워도 계속하면 성장할 거라고' 스스로에게 말해 주자. 매일 10분 운동, 10분 독서처럼 짧은 시간이라도 반복하면 실력이 늘 거야.

넷째, 노력한 결과를 되돌아보자. '내가 한 일'을 돌아보면서 '한 달 전보다 성장한 부분'을 칭찬해 주자. 중요한 건 '어제의 나'보다 나아진 '오늘의 나'야. 내 속도로 성장하면 돼.

관계성을 높이는 방법

관계성을 높이려면 첫째, 주변 사람들과 소통하자.

"오늘 하루 어땠어?"

"요즘 어떤 노래 들어?"

"너 이 영화 봤어?"

이처럼 일상에서 작은 대화를 자주 하는 거야. 대화로 자연스럽게 가까워질 수 있어.

둘째, 다양한 모임이나 활동에 참여하자. 관심 있는 학교 동아리나 팀 프로젝트에 참여하면, 비슷한 관심사를 지닌 친구들과 자연스럽게 친해질 수 있어. 지역 사회에서 봉사 활동 하면서 사람들과 의미 있는 관계를 만들어가는 것도 좋지.

셋째, 새로운 사람과 연결되는 경험을 만들자. SNS나 블로그에서 비슷한 관심사를 가진 사람들과 소통하는 것도 좋아. 서로의 관심사를 공유하면서 새로운 친구를 만들 수 있을 거야.

넷째, 배려하고 공감하는 태도를 갖자. 친구가 고민을 얘기할 때는 바로 해결책을 제시하기보다는 '많이 힘들었겠다'며 위로해 주는 게 필요해. 누군가에게 도움을 받았다면 아주 사소한 일이더라도 '고맙다'고 말해 주면서 관계를 더 돈독하게 만들수 있을 거야. '내가 듣고 싶은 말을 다른 사람에게 해주자'는 마

음으로 말을 건네면 좋아.

　다섯째, 건강한 관계를 위해 노력하자. 서운한 일이 있어도 참지 말고 솔직하게 이야기해 보자. 속에 담아두기만 하면 오해가 너 커질 수 있어. 혹시 갈등이 생겼다면 '누가 잘못했는지'를 다투기보다는 '그래서 어떻게 하면 좋을까?'를 고민해 봐.

오늘부터 시작이야

이런 활동을 해나가다 보면 삶의 만족도가 높아지고, 스트레스에 덜 민감해질 수 있어. 가끔 힘든 상황이 생기더라도 즉각적으로 해소해야 할 만큼 절박하지는 않을 거야. 또한 멈춰야겠다는 생각이 들 때 스스로 통제하고 조절할 수 있어. 일상에서 할 수 있는 것부터 하나씩 실천해 봐. 행복은 단번에 찾아오는 게 아니라, 내가 매일 만들어가는 거야.

오늘, 넌 어떤 선택을 할 거야?

출처 및 참고 자료

출처

▶ 35쪽, 방송통신위원회, 「2023 방송매체 이용행태조사」

▶ 36쪽, 2008년 호주 사회학자 마크 맥크린들Mark McCrindle이 처음 사용함.

▶ 37쪽, 서울연구원, 「서울시 미래세대의 생활양식 변화에 따른 공공시설 공급방향」, 2021년

▶ 38쪽, Sean Parker: Facebook was designed to exploit human 'vulnerability', 〈Axios〉, 2017.11.09.

▶ 40쪽, 미국 워싱턴대학교 교수 데이비드 레비David Levy가 만들었으며, 2011년 6월 CNN을 통해 소개됨.

▶ 44쪽, Explained: What is TikTok's deadly 'blackout challenge', blamed for the deaths of several young children?, 〈The Indian Express〉, 2022.07.07.

▶ 44쪽, Unintentional Strangulation Deaths from the 'Choking Game' Among Youths Aged 6~19 Years, United States, 1995~2007, CDC(미국질병예방통제센터), 2008.02.14.

▶ 48쪽, 여성가족부, 「2024년 청소년 통계」

▶ 50쪽, 한국지능정보사회진흥원, 「2024년 스마트폰 과의존 실태조사 보고서」

▶ 55쪽, 한국지능정보사회진흥원, 스마트쉼센터

▶ 59쪽, Ryan, R. M. & Deci, E. L. (2000).Self-determination theory and the facilitation of intrinsic motivation, social development, and well-being. 〈American Psychologist〉, 55, 68~78쪽

72쪽, 질병관리청, 「제20차 청소년건강행태조사 통계」, 2024년

100쪽, 질병관리청, 「제20차 청소년건강행태조사 통계」, 2024년

102쪽, 한국건강증진개발원, '금연상담의 실제와 활용-청소년흡연자편', 2022년

103쪽, 질병관리청, 「국민건강영양조사」, 2022년

110쪽, 미국 임상진료지침 금연지원서비스 금연성공효과(2008년), 세계보건기구(WHO) 세계적 담배유행 현황에 대한 보고(2019년) : 스스로 의지만으로 금연 성공률(4%), 정보 제공·상담·금연 치료제 병행 시 금연 성공률 최소 3.3배~최대 6.3배 증가.

147쪽, 안영신·송현주, 「청소년의 비자살적 자해행동에 관한 연구. 정서 행동장애 연구」, 33(4), 257~281, 2017년

165쪽, 한국청소년활동진흥원, 「청소년 미디어 이용 실태 및 대상별 정책대응방안 연구2: 10대 청소년」, 2022년

165쪽, 한국도박문제예방치유원, 「2024년 청소년 도박 문제 실태조사」, 2024년 3월부터 8월까지 도박 행동을 기준으로 하여, 초등학교 4학년~고등학교 3학년 1만 3368명을 대상으로 조사한 결과.

165쪽, 한국도박문제예방치유원, 「2024년 청소년 도박 문제 실태조사」

166쪽, 경찰청 보도자료, 「사이버도박 특별단속」 결과 및 단속 연장, 2024.11.11.

참고 자료

들어가며

미국정신의학회American Psychiatric Association(APA), 《DSM-5-TR 정신질환의 진단 및 통계 편람》(제5판 수정판), 학지사, 2023년

Petros Levounis, Bachaar Arnaout, Carla Marienfeld, 《정신건강 임상에서의 동기강화상담》, 학지사, 2022년

질병관리청 누리집 https://www.kdca.go.kr

질병관리청 국가건강정보포털 https://health.kdca.go.kr/healthinfo

1장 스마트폰 중독

김대진,《청소년 스마트폰 디톡스》, 생각속의집, 2022년

조너선 하이트,《불안 세대》, 웅진지식하우스, 2024년

방송통신위원회, '방송매체 이용행태조사', 2023년

서울연구원, '서울시 미래세대의 생활양식 변화에 따른 공공시설 공급방향', 2021년

여성가족부, '2024년 청소년 통계', 2024년

질병관리청, '제20차(2024년) 청소년건강행태조사 통계, 2024년

한국지능정보사회진흥원, '2024년 스마트폰 과의존 실태조사 보고서, 2025년

한국지능정보사회진흥원, '2024년 스마트폰 과의존 상담우수사례', 2024년

김영숙, '청소년 스마트폰 중독관련 국내 연구 동향', 한국학교·지역보건교육학회지
16(3), 17~29, 2015년

2장 외모 중독

이창주,《못생김의 심리학》, 몽스북, 2024년

토머스 캐시,《바디이미지 수업》, 사우, 2019년

질병관리청, '제20차 청소년건강행태조사 통계', 2024년

박지현·최태산, '청소년의 신체이미지가 자존감에 미치는 영향', 한국놀이치료학회지
11(1) 117~129m, 2008년

윤병준, '우리나라 청소년의 신체이미지 인식 및 체중조절행위의 영향 요인', 대한보
건연구 48(3) 55~69, 2022년

Ryan, R. M. & Deci, E. L., 'Self-determination theory and thefacilitation of in-
trinsic motivation, social development, and well-being.', AmericanPsychol-
ogist, 55, 68~78, 2000년

3장 담배 중독

질병관리청, '제20차(2024년) 청소년건강행태조사 통계', 2024년

질병관리청, '국민건강영양조사', 2022년

질병관리청, 담배폐해통합지식센터, '담배폐해 앎-니코틴 의존 이해와 중재', 2022년

한국건강증진개발원, '금연상담의 실제와 활용 – 청소년흡연자편', 2022년

금연길라잡이 https://www.nosmokeguide.go.kr

국가금연지원센터 온라인 금연교육센터 https://lms.khepi.or.kr

4장 관계 중독

나가누마 무츠오, 《나를 지키는 중입니다》, 뜨인돌, 2021년

에노모토 히로아키, 《나는 왜 친구와 있어도 불편할까?》 상상출판, 2020년

홍서아·김종식, '청소년 관계중독현상의 이상심리 연구', 한국중독범죄학회 12(2)
　　81~100, 2022년

박병선·배병우·박경진·서미경·김혜지, '청소년의 또래애착, 사회적 위축, 우울, 학교
　　생활적응 간의 고조적 관계분석', 보건사회연구 37(2), 72~101, 2017년

5장 자해 중독

국립정신건강센터, 'STOP 자해 예방 프로그램 매뉴얼', 2019년

질병관리청, '2023 손상 유형 및 원인 통계', 2024년

한국생명존중희망재단, '2024 자살예방백서', 2024년

안영신·송현주, '청소년의 비자살적 자해행동에 관한 연구', 정서행동장애연구 33(4),
　　257~281, 2022년

조영오·이장규·손혜린, '소년원내 비자살적 자해 실태 및 영향 요인 연구', 형사정책
　　연구 35(1)(통권), 2024년

6장 도박 중독

신영철·최삼욱·하주원, 《어쩌다 도박》, 블루페가수스, 2020년

Jeffrey L. Derevensky·Rina Gupta, 《청소년의 도박문제》, 시그마프레스, 2013년

한국도박문제예방치유원, '청소년 도박문제 실태조사', 2024년

한국도박문제예방치유원, '청소년 도박문제 선별안내서', 2022년

김송이·김용수·정찬구, '청소년 도박행동 경험에 대한 현상학적 연구', 상담학연구 19(3), 159~181, 2018년

한국도박문제예방치유원 www.kcgp.or.kr